仮想通貨・ICO に関する法規制・自主規制
(平成 30 年 11 月 21 日開催)

報告者 河 村 賢 治
(立教大学大学院法務研究科教授)

目　次

Ⅰ．はじめに……………………………………………………………… 2
Ⅱ．仮想通貨・ICO の社会的意義と制度整備に関する総論 …………… 2
Ⅲ．ICO について ……………………………………………………… 9
Ⅳ．仮想通貨・ICO トークンの公正な価格形成に関連して …………17
Ⅴ．仮想通貨デリバティブ取引に関連して……………………………20

討　　議……………………………………………………………………21
報告者レジュメ……………………………………………………………49
資　　料……………………………………………………………………84

金融商品取引法研究会出席者（平成30年11月21日）

会　　　長	神作　裕之	東京大学大学院法学政治学研究科教授
会長代理	弥永　真生	筑波大学ビジネスサイエンス系 　　　　　　ビジネス科学研究科教授
委　　　員	飯田　秀総	東京大学大学院法学政治学研究科准教授
〃	大崎　貞和	野村総合研究所未来創発センターフェロー
〃	尾崎　悠一	首都大学東京大学院法学政治学研究科 　　　　　　法学政治学専攻准教授
〃	加藤　貴仁	東京大学大学院法学政治学研究科教授
〃	河村　賢治	立教大学大学院法務研究科教授
〃	後藤　　元	東京大学大学院法学政治学研究科准教授
〃	武井　一浩	西村あさひ法律事務所パートナー弁護士
〃	中東　正文	名古屋大学大学院法学研究科教授
〃	松井　智予	上智大学大学院法学研究科教授
〃	松井　秀征	立教大学法学部教授
〃	松尾　健一	大阪大学大学院高等司法研究科准教授
〃	松尾　直彦	東京大学大学院法学政治学研究科客員教授・弁護士
オブザーバー	岸田　吉史	野村ホールディングスグループ法務部長
〃	森　　忠之	大和証券グループ本社経営企画部担当部長兼法務課長
〃	鎌塚　正人	ＳＭＢＣ日興証券法務部長
〃	陶山　健二	みずほ証券法務部長
〃	本井　孝洋	三菱ＵＦＪモルガン・スタンレー証券法務部長
〃	内田　直樹	日本証券業協会自主規制本部自主規制企画部長
〃	塚﨑　由寛	日本取引所グループ総務部法務グループ課長
研 究 所	増井　喜一郎	日本証券経済研究所理事長
〃	大前　　忠	日本証券経済研究所常務理事
〃	土井　俊範	日本証券経済研究所エグゼクティブ・フェロー

（敬称略）

仮想通貨・ICO に関する法規制・自主規制

神作会長 まだお見えでない方もいらっしゃいますけれども、定刻になりましたので、ただいまより第6回金融商品取引法研究会を始めさせていただきます。

　財務省前財務総合政策研究所長の土井俊範氏が、今月より研究所のエグゼクティブ・フェローにご就任なさいました。今回から当研究会にもご参加いただけるということでございます。どうぞよろしくお願いいたします。

土井エグゼクティブ・フェロー　土井でございます。よろしくお願いします。

神作会長　本日は、既にご案内させていただいておりますとおり、河村先生から「仮想通貨・ICOに関する法規制・自主規制」というテーマでご報告をいただくこととなっております。

　それでは、早速でございますけれども、河村先生、ご報告どうかよろしくお願いいたします。

［河村委員の報告］

河村報告者　河村でございます。どうぞよろしくお願いいたします。

　まず、お手元に資料が2つあるかと思います。「仮想通貨・ICOに関する法規制・自主規制」という、ちょっと長目の33ページぐらいあるものです。それから、拙稿としまして「ICO規制に関する一考察」というものがございます。それから、きょうの日経にも少し紹介されておりましたけれども、アメリカ等で動きがありましたので、追加のレジュメを1枚用意しております。表裏ございます。

　それでは、報告を始めたいと思います。

Ⅰ. はじめに

1-1、1-2

　仮想通貨・ICOに関してはさまざまな議論がございますが、きょうの報告では、レジュメ1ページの下に図が書いてありますが、私の関心である国民経済の健全な発展及び社会の持続可能な発展という観点から、仮想通貨・ICOの社会的意義とか、公正な価格形成とか、デリバティブ等の多様な商品のあり方、また、法規制・自主規制のあり方について報告をさせていただければと思います。

Ⅱ. 仮想通貨・ICOの社会的意義と制度整備に関する総論

2-1、2-2

　例えば仮想通貨は法定通貨よりもマネーロンダリングに容易に利用されるとか、ICOは既存の資金調達手段よりも詐欺に容易に利用されてしまうとして、これらの不正行為を防ぐことが不可能なのであれば、国民経済の健全な発展及び社会の持続可能な発展の観点からは禁止してしまうのも1つのあり方かとは思いますけれども、他方で、仮想通貨やICOに関する不正行為を抑えつつ、その社会的な意義、例えば利便性の高い支払・決算手段となる可能性とか、魅力的な投資・資金調達手段となる可能性などを発揮できる制度的な仕組みを構築できる可能性も否定できず、現在は、この方向での制度整備が進められていると理解しておりますし、私自身も、まずはこの方向での制度整備を進めるべきでないかと考えています。

　大ざっぱに言えば、利用者保護・マネロン対策（資金決済法・犯罪収益移転防止法）に、投資者保護・公正な価格形成の確保（金商法ないし金商法的規制）を加えた制度整備が、現在考えられていると理解をしています。

2-2-1

　仮想通貨の将来性に関して、雨宮日銀副総裁は、「マネーの機能としては、通常、『価値尺度』、『価値保蔵』、『交換』の3つが挙げられますが、これら

全ての根幹となっているのが『信用』です。すなわち、マネーがマネーとして機能できるのは、将来にわたりそれが受け入れられると、皆が信じているためです」、「発行者を持たず、ソブリン通貨単位を用いない暗号資産が、信用と使い勝手を備えたソブリン通貨を凌駕する形で、支払決済に広く使われていく可能性は低いように思います」と述べておられます。暗号資産は仮想通貨の最近の言い方です。

　もっとも、あらゆる国のソブリン通貨の信用が常に高いわけではありませんし、仮想通貨の価格が安定するなどしていけば、仮想通貨がソブリン通貨を「凌駕」することはないとしても、両者が「競争・共存」する社会は十分に予想し得るのではないかと思っているところであります。

2-2-2

　ICOに関して言いますと、ICOの利用を考えているのは民間の事業者だけではありません。内容については省略しますけれども、例えば岡山県西粟倉村などは、ICOを実施する計画があることを公表しているところであります。

2-2-3

　日本仮想通貨交換業協会は、平成30年10月24日に、資金決済法上の認定資金決済事業者協会として認定を受けました。業者16社が会員となっています。同協会のウェブに掲載されている定款・諸規則は、レジュメ4ページにタイトルだけ挙げてあります。

　レジュメ3ページの後半部分ですが、金融庁の仮想通貨交換業等に関する研究会第5回資料4によると、同協会は自主規制を「資金決済法及び犯罪収益移転防止法、事務ガイドライン等の既存の規制に係る自主ルールを策定することに加え、現状の仮想通貨交換業務の実態上、利用者保護の観点から必要と考えられる事項について、金商法及び金商業に関する自主規制規則などを参考に策定」しているとのことです。同協会は、資金決済法上の自主規制機関ではありますけれども、その内容には金商法的規制が既に数多く含まれていると言っていいかと思います。

私個人は、自主規制に期待しているわけですけれども、前提として、その自主規制の妥当性とか実効性を確保する仕組みが重要なのは言うまでもないことであります。

2-3

　全体的な私見としましては、仮想通貨やICOトークンの公正な価格形成や取引の透明性を高めるなどの制度整備を進めることができれば、仮想通貨・ICOの社会的な意義を高め得るほか、仮想通貨等デリバティブ・ETFなどの商品開発にもつながり、国民経済の健全な発展及び持続可能な社会の発展に寄与し得るのではないかと思います。

　現状では、仮想通貨やICOトークンは、支払・決済手段やサービス利用手段などというよりも、投資対象となっている可能性が高いように思われますが、およそどんな金融商品であれ、投資性（とりわけ市場性）を有するのであれば、その取引の公正・円滑及び「資本市場の機能の十全な発揮による金融商品等の公正な価格形成等を図り、もつて国民経済の健全な発展及び投資者の保護に資すること」を目的とする金商法による対応が、まずは考えられてよいかと思います。

　もとより必要な規制が確保されるのであれば、金商法以外の規制による対応を一概に否定するものではありません。仮想通貨やICOとの関係では、資金決済法や自主規制などとの役割分担などのほか、国際的な規制動向との調和なども検討する必要があるかと思います。ただ、今後も新しい投資商品は登場するであろうことを考えますと、どんな投資商品であれ、詐欺的・市場阻害的な行為に対しては、金融規制当局が迅速に差止申立等の措置を講じ、金商法目的を確保することができるような仕組みになっていることが重要であると考えます。

2-3-1

　ところで、仮想通貨・ICOトークンの取引においては、収益分配の権利があるものだけが投資対象となっているわけではありません。典型例はビットコインですけれども、収益分配の権利は与えられていないけれども仮想通

貨交換所で取引されるICOトークンも、転売狙いによる投資対象となり得るところであります。このようなICOトークンであっても、発行者は資金調達目的を果たし得るわけですから、金融機能は存在していると言っていいかと思います。

これに対し、法定通貨の価値との連動をうたうステーブルコインであれば、投資性がないと言っていいのかという点ですが、ステーブルコインの代表例が、アメリカドルとの連動をうたうテザーというものです。1ドルにつき1テザーという形で発行されているもので、ドルによって裏づけられているということです。確かに1テザーはおおむね1ドルあたりで価格推移しているとはいえ、価格変動がないわけではありません。1年間のテザーのチャートがレジュメ5ページに載っていますけれども、やはり多少の価格変動はあるということが分かります。また、発行しているテザー分のドルをテザー社が本当に保有しているのか疑う声もありますし、実はテザーがビットコインの価格操作に使われているのではないかという疑いの声もあります。

ステーブルコインに対する規制のあり方については、なお考えてみたいわけですけれども、少なくとも法定通貨の価値との連動を確保する仕組みの透明性は確保される必要があるのではないかと、現段階では思っています。

2-3-2、2-4は飛ばします。

2-5

アメリカの状況を簡単にご紹介したいと思います。

日本とアメリカの証券・商品規制を比較してみますと、アメリカは包括規定をフル活用して、新しい投資商品に迅速に対応しており、少なくとも現時点のSECやCFTCは、一般投資者相手の詐欺的行為を徹底的に抑え込み、悪貨が良貨（あるいは良貨が生み出される可能性）を駆逐しないように法執行をしているように見えます。

日本が包括規定活用型へ移行することについては賛否両論があり得るかと思いますけれども、現在の法規制について検討すべき点は多々あるように思われます。ICO、公正な価格形成、デリバティブについて少し考えていきた

いと思います。

2-5-1

　アメリカの状況については、SECとCFTCを挙げてあります。

　まず、SECですが、仮想通貨一般についてその証券該当性を否定するSECの公式見解はないと思われますけれども、SEC企業金融局長の見解によれば、ビットコインや現時点でのイーサは証券ではないと考えられています。ICOトークンについては、自称ユーティリティ・トークンであっても証券該当性が認められた事案があります。要するに、どんな名称であれ、どんな技術を使っていようが、証券規制の観点から重要なのは、それが証券（投資契約）に該当するか否かという点であります。

　投資契約に該当するか否かに関しましては、先生方ご存じのとおり、Howeyテストというものがございまして、レジュメに4つの要件を挙げております。日本でも後ほど論点として取り上げますけれども、例えば、金銭の出資の要件に関しては、仮想通貨による出資であったとしても金銭の出資要件を満たすのだということで、既にアメリカは動いているところであります。

　証券に該当するとしても、登録免除制度の利用は可能です。

　最近関心が集まっているのは、ビットコインETFの話であるということです。

　法執行等の事例をレジュメ7～10ページに細々と書いてありますけれども、最近のSECの話は追加レジュメをごらんいただければと思います。

　最新動向の（2）として、2018年11月16日にＳＥＣが、AirfoxとParagonのICOに関して、両社が民事制裁金を支払うことなどでＳＥＣと和解した旨を公表しました。その内容は、連邦証券諸法を遵守しようとするICO実施会社にとって1つのモデルとなるとの指摘がされています。詐欺ではない登録義務違反の事例として、Munchee社の事案があるのですけれども、同事案では民事制裁金は課されませんでした。これまでICOで摘発されたケースは、登録していないこと、プラス、詐欺的な行為があったという形で摘発

されるケースがほとんどでありまして、そうでない登録義務違反の事案としてはMunchee社があったのですけれども、今回、AirfoxとParagonに関しては、登録義務違反ということで民事制裁金を課した初めてのケースだということで、SECに紹介されているわけであります。

　1つのモデルとなるとの指摘の部分なのですけれども、これが追加レジュメの（3）になります。同日にＳＥＣ企業金融局、投資運用局及び取引・市場局が公式声明を公表しまして、SECによる近時の法執行事例を、デジタルアセット型証券の募集に関する事例（今のAirfoxとParagon）、デジタルアセット型証券に関する投資ビークル・投資助言に関する事例、デジタルアセット型証券の流通市場取引に関する事例に分けて解説をしております。

　モデルとなるという話は、追加レジュメの裏のページのAirfoxとParagonのケースのところです。まず、民事制裁金を支払うことのほかに、トークンを証券として登録して定期報告を行う。そして、投資家の請求に応じ補償することをSECと約束しているわけです。今まで無登録の形でICOをやってきた発行体があったとしても、AirfoxとParagonの場合のように、適法な形で進める道があるというようなことを、SECとしては言っています。

　もともとのレジュメの6ページに戻って、CFTCは、ビットコインなどの仮想通貨は商品に該当するとの解釈のもと、法執行を行っています。商品の現物市場とデリバティブ市場のうち、CFTCはデリバティブ市場について規制権限を有しているわけですが、スポットマーケットについても、詐欺や相場操縦という限られた範囲でCFTCは法執行を行うことが可能であります。これは後ほどまた触れます。

　2017年12月には、Cboe先物取引所とCMEにビットコインの先物が上場されています。

　私が個人的に関心のあるものの一つとして、デリバティブ取引がまだ行われていない仮想通貨であっても、商品に該当するとしてCFTCは法執行を実施するのかという点があるのですが、これは実施するという形で今動いて

いうということです。具体的に、下のほうにMy Big Coinというものがありますけれども、これが関連する事案になります。

2-5-3

　My Big Coinは後ほどまた出てきますので、今触れてしまいますけれども、レジュメ11ページにMy Big Coinの事案が書いてあります。

　ＣＦＴＣの主張によれば、被告らはMy Big Coin（MBC）という名の仮想通貨が価値あるものとして取引されているように見せかけて、少なくとも28人から600万ドル集めたけれども、当該行為は詐欺禁止規定に違反するとしてCFTCが民事訴訟を提起しました。これに対して被告らは、MBCは商品取引所法における商品（Commodity）ではないなどと主張して、訴えを却下するように申し立てをしたのですが、2018年9月に連邦地裁は次のように判示して、被告側の主張を退けました。

　ポイントとして、①から⑤まで英文のまま引用してしまっていますけれども、①と②は、商品取引所法の詐欺禁止規定を適用するには、まず、そもそも対象がCommodityと言えなくてはいけないのだというような話が書いてあります。③から被告側の主張が始まるのですけれども、被告側の主張は、My Big Coinについては、まだ将来の受け渡しに係る契約が存在していない。したがって、これは商品取引所法の商品ではない。あくまで商品取引所法の商品と言えるためには、当該品目に関して先物契約が存在しなくてはいけないというものです。それに対してCFTC側の主張は、商品取引所法の商品は、特定の品目ではなくて、もっと広い概念である。例えば本件だと、そもそもビットコインという仮想通貨については先物契約が存在していて、そうすると、既に仮想通貨について将来の受け渡しに係る契約が取引されているわけだから、My Big Coinという仮想通貨も商品取引所法の商品になるのだという主張をするわけです。

　レジュメの12ページで、裁判所がどういうふうに判断したかというと、網線がかかっているところだけご紹介しますけれども、裁判所としては、特定の品目ではなくてカテゴリーに焦点を置くという考え方を支持すると。特

定のクラスの中で先物取引が存在しているのであれば、そのクラスに存在する全ての品目が商品取引所法の商品と判断される。My Big Coin は仮想通貨で、仮想通貨については既にビットコインの先物取引が行われている。したがって、My Big Coin は商品取引所法の商品に該当すると裁判所としては判断しました。特定の品目ではなくてカテゴリーで考えていくという考え方を示したわけであります。

III. ICO について

また日本に戻りまして、レジュメ 13 ページから、ICO について少し触れております。

3-1

まず、金融庁の基本的な考え方としては、「ICO において発行される一定のトークンは資金決済法上の仮想通貨に該当し、その交換等を業として行う事業者は内閣総理大臣（各財務局）への登録が必要になります。また、ICO が投資としての性格を持つ場合、仮想通貨による購入であっても、実質的に法定通貨での購入と同視されるスキームについては、金融商品取引法の規制対象となる」とされています。主に仮想通貨該当性と集団投資スキーム持分該当性が問題になり得るわけですけれども、金融庁の仮想通貨交換業等に関する研究会で担当者が説明されていたのが、レジュメ 13 ページの下のほうに引用してあります。

まず、仮想通貨該当性に関する金融庁担当者の説明は、「ICO において発行されるトークンが二次流通をする場合。具体的には以下①または②を満たす場合、トークン自体も資金決済法上の仮想通貨に該当するというふうに考えられるところでございます。①は、不特定の者に対して代価の弁済に使用でき、かつ不特定の者を相手に法定通貨と相互に交換できること。②は、不特定の者を相手に仮想通貨と相互に交換できること」と述べておられます。

また、集団投資スキーム持分該当性に関しては、金融庁担当者の説明によりますと、「ICO において発行されるトークンが収益分配型であって、以下

①または②を満たす場合、トークンは金融商品取引法上の集団投資スキーム持分に該当するものと考えられます。①法定通貨で購入されること。または②仮想通貨で購入されるが、実質的には法定通貨で購入されるものと同視されること」と述べておられます。

　以下、これを前提に少し考えていきたいと思います。レジュメの16ページに飛びます。

3-3-1

　まず、ICOトークンの仮想通貨該当性ですが、日本仮想通貨事業者協会が「イニシャル・コイン・オファリングへの対応について」というものを出しまして、「トークンの発行時点において、将来の国内又は海外の取引所への上場可能性を明示又は黙示に示唆している場合はもちろん、そのような示唆が存在しない場合であっても、発行者が、本邦通貨又は外国通貨との交換及び1号仮想通貨との交換を、トークンの技術的な設計等において、実質的に制限していないと認められる場合においては、仮想通貨に該当する可能性が高いため、仮想通貨に該当しないとする個別具体的な合理的事情がない限り、原則として、トークン発行時点において、資金決済法上の仮想通貨に該当するものとして取り扱うことが適当と考えられる」との見解を明らかにしていますが、個人的には妥当であると考えています。

　そのようなトークンは、現時点で上場されていなかったとしても、将来的に仮想通貨として取引されていく性質を内包しており、当該トークンの購入者は仮想通貨交換所で取引できるようになることを重視ないし期待していることが多いと思われ、そうであれば、当該トークン発行時点から仮想通貨の利用者保護規制などを定めた資金決済法を適用することが適切であると考えられるからであります。

　また、かかるトークンの発行者は、トークンという仮想通貨を組成して、その販売・交換を行うというビジネスをしていると理解できることから、当該行為は資金決済法2条7項1号により仮想通貨交換業に該当すると考えられると思います。恐らく金融庁も同じような考え方ではないかと思うのです

けれども、後ほど確認できましたらありがたいなと思っています。

3-3-2、3-3-3

　この考え方を前提としますと、①（仮想通貨である）ICOトークンの発行者は、（a）として仮想通貨交換業者として登録するか、（b）として仮想通貨交換業者に販売・交換を委託することが必要になると理解しています。これも正しいかどうか、後ほどご指摘いただければと思います。

　②ただ、現状では、仮想通貨交換業者として登録することも、仮想通貨交換業者に販売・交換を委託することも難しいので、日本におけるICOは事実上困難になっていると理解しています。

　③しかしながら、日本仮想通貨交換業協会がICOに関する自主規制案を公表するなどの動きがあり、今後は①（b）、すなわち仮想通貨交換業者に販売・交換を委託する形のICOが、日本におけるICOのメインルートになる可能性が高いのではないかと考えています。

　このICOに関する自主規制案ですが、少なくとも私が協会のホームページを見る限りにおいては、現段階では規則として表示されてないと理解しています。どうなっているのかというのは私もよくわからないのですが、少なくとも案として出てきているものとしては、レジュメの17ページに書いてありますように、「会員が、以下の行為を行う場合に関する自主規制を検討」するとして、（1）会員が自ら仮想通貨を発行し、利用者に対して当該仮想通貨を販売・交換する場合と、（2）会員以外の第三者が発行する仮想通貨について、当該第三者の依頼に基づき販売・交換をする場合が上がっておりまして、先ほど申し上げたように、この（2）が恐らく日本における今後のICOのメインルートになるのではないかと勝手に考えているわけであります。

　具体的な自主規制の内容としては、第1に、審査として、対象事業の適格性や実現可能性などを審査する。第2に、情報開示として、販売開始時、販売終了時点、販売終了後の継続的な情報提供。第3に、安全確保として、自社仮想通貨に利用するブロックチェーン、スマートコントラクト、当該仮想

通貨を保管するウォレット等の安全性を検証。第4に、調達資金に関しては、利用者に情報開示した資金使途以外の用途に調達資金を使用することの禁止。第5に、販売価格に関しては、販売業務を行うに際し、必要に応じて投資需要の調査を行う等の合理的に算出し得る方法を用いて、販売価格の範囲等の妥当性を審査するとなっております。

　大変恐縮ですが、レジュメ17ページの3-3-2の先ほどの続き、④のところに戻りまして、このICOに関する自主規制案の内容は、ICOに関する金融庁の問題意識――この金融庁の問題意識というのは、レジュメ15ページに、金融庁・仮想通貨交換業等に関する研究会第8回資料3の9ページ以降の内容を個人的に要約したものが載せてありますが、これによりますと、投資性を持つICOと株式のIPOとか、プロ市場とか、株式投資型クラウドファンディングとか、集団投資スキーム持分の募集とかと比較して、ICOに関する検討対象として、例えば、販売勧誘や自己募集に関する業規制の必要性とその内容であるとか、流通の場の提供者として誰がふさわしいかとか、事業の審査を行う第三者の必要性や、発行価格についてはその対応の必要性であるとか、発行開示、継続開示に関する必要性であるとか、不公正取引の問題であるとか、そのあたりを問題意識として掲げておられると思うのですけれども、協会のICOの規則案はこうした金融庁の問題意識をおおむねカバーしているのかなと認識しています。恐らくは金融庁と協会が議論しながら自主規制案をつくり上げているのではないかと思いますので、そういうことかなと理解しております。

　レジュメ17ページに戻りまして、⑤国際的な規制動向も見据えながら現時点で制度設計していくのであれば、法律で細部を固め過ぎるよりも、法律に裏づけられた自主規制を活用するという方向性は理解できるところであります。

　⑥もっとも、自主規制の内容・執行の妥当性や自主規制の実効性をいかに確保するか、自主規制だけで足りるか、自主規制の対象外となってしまう者の行為をどう規律するかという点などは、引き続き重要な課題として残って

いるわけであります。

3-3-4

具体的には、例えば、①審査等に関する自主規制が定められたとしても、仮想通貨交換業者ごとに審査等の質に違いが生じ得る可能性があるわけで、果たして同協会による会員の調査とか会員に対する処分等が適切に行われるのか。一定水準の質を確保するための仕組みとして、自主規制だけで本当に足りるのか。

②ICOの場合、ホワイトペーパーで情報開示されるわけですけれども、そのホワイトペーパーに記載すべき内容は、国際的な動向を踏まえながら自主規制機関が定める。法律であれを開示しなさい、これを開示しなさいという形ではなくて、自主規制機関が定めるけれども、その虚偽記載等に対する刑事罰・課徴金・民事責任などの規定は法律が用意するという制度はどうか。

③プロ・アマの規制区分とかプロ向け市場のようなものは設けないのか。

④同協会の自主規制の対象となっていない者による風説の流布等に対応すべく、金商法157条、158条のような法規制を設けるべきではないかなど。

自主規制ができ上がっていくこと自体に関しては期待をしているのですけれども、それだけではまだまだ足りない部分があるのではないかと考えているわけであります。

3-4

次に、集団投資スキーム持分の該当性です。

3-4-1

ここでは2つのハードルがあるのだということが書いてあります。

まず1つ目のハードルとしては、ICOトークンは、「出資対象事業…から生ずる収益の配当又は当該出資対象事業に係る財産の分配を受けることができる権利」を与えない形で設計されるものが多いようでありまして、そうすると、この要件を満たさないということで集団投資スキーム持分に該当しないということになってしまいかねない。

2つ目のハードルとして、ICOの多くはイーサなどの仮想通貨で払い込

みが行われているので、「出資又は拠出をした金銭（これに類するものとして政令で定めるものを含む。）」、ここで金銭類似物として指定されているのは有価証券・為替手形・約束手形・金銭取得の競走用馬ということなのですけれども、仮想通貨は金銭・金銭類似物に該当しないのではないか。

この2つ目について少し取り上げたいのですけれども、金融庁担当者の説明によりますと、「集団投資スキーム持分の定義の中の金銭出資、そしてその金銭と同視されるものとして政令で規定されているものの中に、神作先生ご指摘のとおり、仮想通貨というのは入っておりません」という理解を前提とした上で、「仮想通貨という形をとるものの、法定通貨がそのまま仮想通貨になり、仮想通貨が隠れみののように使われて、出資するといったような形になっているものについては…法定通貨で購入された場合と同視され得るケースがある」と整理されているところかと思います。

3-4-2

実質を重視するこうした解釈論が示されたことについては支持できるわけですけれども、例えば、次のケースをどう考えればよいでしょうか。これは、ある座談会で提示されていた事例をそのまま引っ張ってきております。

L&T社では、投資家と匿名組合契約を締結した上で、世界中から資金を調達するため、出資を金銭ではなくビットコインで払い込んでもらうことを想定している。そして、出資してもらったビットコインをもって行う投資事業は、ビットコイン及び他の仮想通貨への投資、ビットコインその他の仮想通貨で購入できる資産への投資、ビットコインその他の仮想通貨で出資できるファンドへの投資などを考えている。配当もビットコインその他の仮想通貨で行うことを予定している。この場合に、これが集団投資スキーム持分に該当するかということです。

3-4-3

投資者が法定通貨を仮想通貨にかえて払い込みを行って、当該払い込みを受けた事業者が当該仮想通貨を法定通貨にかえて事業を行うのであれば、「隠れみの」認定はしやすいと思います。しかしながら、上記のケースのように、

事業者が当該仮想通貨を法定通貨にかえることなく事業を行う場合はどう考えていけばよいのか。主な考え方としては、(a)としては、これはもはや金銭・金銭類似物を充てて行う事業ではないので、集団投資スキーム持分該当性を否定する。(b)としては、全体を見れば仮想通貨を法定通貨のかわりに使う「隠れみの」認定は可能であるとして、集団投資スキーム持分該当性を肯定する。(c)としては、そもそも仮想通貨もここでいう金銭に該当すると解釈することで、集団投資スキーム持分該当性を肯定する。(d)としては、解釈論では難しい、あるいは解釈論で可能だという立場に立ったとしても条文で明確にすべきだということで、立法的対応を図る。例えば仮想通貨を金銭類似物の中に含める、あるいは現物出資を正面から認めることで、集団投資スキーム持分該当性を肯定する。ほかにも考え方はあるかもしれませんけれども、このあたりが考えられるかなと思います。

ここでまた追加レジュメをごらんいただければと思います。裏のページに、日本の最近の話で、米国のファンド運営会社 SENER(セナー)への出資を募り、金融商品取引法違反(無登録営業)容疑で警視庁が摘発したという事案がありました。このグループは、「出資金の9割以上を現金ではなく仮想通貨ビットコインで集めて」おり、警視庁の捜査幹部によれば、「出資が全て仮想通貨であれば摘発は困難だった」。「金融庁によると、無登録で金融商品の対価として「金銭」を集めた場合は金商法の規制対象となるが、現時点で仮想通貨は金銭に含まれない。仮想通貨をすぐに現金化するなど、実態として金銭と同等と見なせる場合には金商法適用の余地もあるが、それ以外は適用できないという」と記事には書いてあります。

先ほど挙げたL&T社のようなケースに関しては、金融庁の考え方としては(a)に立つのかなと思うわけでありますが、間違っているかもしれません。

3-4-4

個人的には、投資性があるにもかかわらず、法定通貨が仮想通貨に切りかわっただけで、規制の網から抜け落ちることを許容するのは妥当ではないよ

うに思われます。この方向で考えた場合、解釈論としては（b）が無難かもしれませんが、（c）の可能性も考えているところであります。立法論としては、仮想通貨を金銭類似物の中に含めるというのも一理あるかと思いますけれども、現物出資を正面から認めることも検討の余地があるのではないかと思っているところであります。

3-4-4-1

　ここで、そもそも「金銭」とは何か、あるいはまたデリバティブのところでも出てきますけれども、「通貨」とは何かということですけれども、恐らく当局の方が考えておられるのは、「通貨」＝「強制通用力のある法貨」＝「金銭」ということではないかと思います。したがって、先ほどの金銭・金銭類似物に仮想通貨は含まれないというのは、この基本的な発想から出てくるのだと思います。

　政府答弁においても、通貨の意味については3-4-4-1に書いてあるとおりであって、ビットコインは通貨に該当しない、強制通用力が法律上担保されていないビットコインは通貨に該当しない、本邦通貨・外国通貨のいずれにも該当しないということになっているわけであります。

3-4-4-2

　もっとも、「金銭」や「通貨」といった概念は、それぞれの法律の目的や規定の趣旨に照らし解釈の余地があり得るのだとすると、①仮想通貨は仮想通貨交換所を通じて容易に法定通貨と交換できること、②仮想通貨は集団投資スキーム規制の定義における金銭に該当すると解釈することが、集団投資スキーム規制の趣旨に反するようには思えないこと、③「隠れみの」論よりも、集団投資スキーム持分の定義でいう金銭との関係では、仮想通貨もここでいう金銭に当然包含されるのだという考え方のほうが規制適用の有無が明確になり、予測可能性が高まり得ることなどを考えると、3-4-3（c）、つまりここでいう金銭に仮想通貨は含まれるという解釈もあり得るように思うのですけれども、先生方のご意見は、いかがでしょうか。

　念のため申し上げておくと、あらゆる法律における金銭の概念に仮想通貨

を含めよという主張ではありません。ここの金銭の場合にはこういうふうに解釈できるのではないかということであります。したがって、他の場合はどうかということを別途解釈していかなくてはいけないということになりますので、「通貨」＝「強制通用力のある法貨」＝「金銭」で統一したほうが明確だという反論などはあるかもしれません。

Ⅳ．仮想通貨・ICOトークンの公正な価格形成に関連して

4-1

　ビットコインは、仮想通貨交換所によって、また、1つの仮想通貨交換所の中でも取引の形態によって、その価格は異なり得るということでありまして、こうした価格差があることについての透明性の向上は必要であろうということであります。

4-2

　仮想通貨やICOトークンについては、相場操縦が横行しているのが現状でありまして、ここでは「ウォール・ストリート・ジャーナル」の記事を挙げて、パンプ・アンド・ダンプがとても広範に行われているという具体例が示してあります。

4-3

　アカデミックな論文においても、パンプ・アンド・ダンプに関する研究があります。

4-4

　ここに挙げてあるのはニューヨーク州の報告書ですが、取引所によって、マーケットマニピュレーションのポリシーを持っているところと、持っていないところがあるということが、レジュメ24ページの表のあたりに書いてあることです。

4-5

　アメリカの場合、SECとかCFTCの対応として、仮想通貨のパンプ・アンド・ダンプに関する取り締まりに関してはとりわけCFTCが積極的かな

と思うのですけれども、当局に情報提供をして、それがエンフォースメントにつながれば報奨金を支払いますということまでやっています。こういう報奨金制度が、行政リソースの効率的使用や不正行為抑止効などにどの程度貢献しているのかというのは、今後検討していきたいと思っているところです。

4-6

　CFTCが、仮想通貨のスポットマーケットにおける詐欺とか相場操縦についても法執行権限を有するのは、デリバティブにやはり影響を与えてしまうからであります。レジュメ25ページに「ウォール・ストリート・ジャーナル」の記事を挙げておりますけれども、バンギング・ザ・クローズという手口でスポットマーケットの価格を操作することでデリバティブのほうでも不正が行われるので、スポットマーケットのほうについてもちゃんと見なくてはいけないというような話が書いてあります。

4-7

　この点、既にビットコイン先物取引が行われているので、CFTCがビットコインの現物市場に関心を持つのはわかるのですが、まだ先物取引が行われていない仮想通貨の取引であったとしても、その詐欺や相場操縦については法執行を行うのか。答えは、先ほどのMy Big Coinの話にあったとおり、現段階ではカテゴリー論に立って、これをやっているということです。

4-8

　それでは、例えば、日本法で次のケースをどう考えるのか。これも、ある座談会からの引用ですが、L&T社は、自社の新事業のための資金調達を目的としてICOを行うことを検討している。同社は、ICOの上場前に、新事業の開発途中なのにSNS等で「開発が成功した」といった情報が流されたり、逆に、同社を根拠なく誹謗中傷する情報が拡散されることで、トークンの価格が乱高下し、トークン保有者に迷惑がかかってしまうことを懸念しているというケースです。

4-9

　この点、①当該トークンが集団投資スキーム持分のような形で有価証券に

該当すれば、これは金商法158条の対象になるのだろうと思います。

②当該トークンが有価証券に該当しなかったとしても、当該トークンが仮想通貨に該当し、仮想通貨がデリバティブの原資産である金商法2条24項の金融商品に包含されるのであれば、上記行為はやはり金商法158条の対象となり得ると考えていいのかなとまずは思います。

というのは、レジュメ27ページに、金商法158条の条文を引用していますが、「有価証券等」の中には「デリバティブ取引に係る金融商品」が含まれていて、その相場の変動を図る目的をもつて風説の流布等をしてはならないということですので、当該トークンが仮想通貨に該当し、仮想通貨が金融商品に該当するのであれば、158条の適用可能性はあるのかなと思うわけです。ただ、レジュメ26ページの真ん中あたりにありますけれども、金商法158条には「デリバティブ取引に係る金融商品」とあって、同条に金融商品が含まれている趣旨もデリバティブ取引の公正確保にあると考えるならば、当該トークンについてデリバティブ取引が行われていない場合はどうなるのかといった議論はあり得るのではないかとも思います。

ここで先ほどのMy Big Coinの話が出てくるわけで、日本においてもカテゴリーで考えてよいのだという話を展開できるかどうかというところが、ちょっと悩んでいるところです。

③当該トークンが仮想通貨に該当したとしても、金商法上の有価証券にも金融商品にも該当しないとなると、現在の資金決済法では十分に対応できないということですので、④157条とか158条のような規制が適用されるようにすべきではないかと考えているところであります。

4-10

ここでは日本仮想通貨交換業協会の自主規制（不適正取引の防止のための取引審査体制の整備に関する規則等）を紹介していますが、内容の説明は省略します。

Ⅴ．仮想通貨デリバティブ取引に関連して

5-2

　デリバティブ取引は一般にハイリスク・ハイリターンな取引であると言われますが、リスクヘッジ・資産運用・価格発見などの機能が発揮されるのであれば、デリバティブ取引には社会的意義が認められると思います。これは原資産が仮想通貨であっても同じではないかと思います。仮想通貨デリバティブが適切に行われるのであれば（そのような制度整備がなされるのであれば）、仮想通貨の公正な価格形成の一助となる可能性があるのではないかと考えているところであります。

5-5

　規制のうち、ここではレバレッジの規制を取り上げています。CMEとCboeの先物取引所（CFE）がビットコインの先物を上場しているわけですけれども、レバレッジは約２倍少し。レジュメ31ページにありますけれども、欧州はリテイル向けの仮想通貨CFDのレバレッジは２倍。このあたりは前にFXで飯田先生がご報告されたときにも触れておられたところかと思いますが、それに対して後述する日本仮想通貨交換業協会の指定水準は４倍となっています。欧州のレバレッジの計算の仕方については、飯田先生のご報告のときにご紹介があったと思うのですが、計算方法は本来どうあるべきなのかみたいなところを、今悩んでおります。

5-7

　最後に、レジュメ33ページ、仮想通貨デリバティブ取引が適切に行われることを確保するために、金商法のデリバティブ取引の原資産である「金融商品」に仮想通貨を含めて、法規制の対象とすることが考えられるわけですが、ここでいう金融商品には、レジュメにあるように①から⑤があります。

5-8

　「ビットコインは通貨に該当しない」という政府答弁を前提とすれば、仮想通貨は上記金融商品の定義の③、すなわち通貨に該当せず、④で政令指

定すべきかどうかという方向で話が進むのではないかと思います。そうなれば、以下の議論は余り実益がないのかもしれませんけれども、仮に④の政令指定がない場合に、こういうことが考えられないか。

　①通貨としての経済的機能を有するものとして社会に信用されるに至った仮想通貨であれば、通貨に含まれると解釈する余地はないか。これは当局の考え方だと、多分ないということだと思います。

　②強制通用力が認められた中央銀行デジタル通貨であれば、③に含まれると解釈してよいか。これは恐らく強制通用力がメルクマールになっているようですから、③に含まれるということになるのではないか。

　③として、ある国が自国通貨としてビットコインに強制通用力を認めた場合、ビットコインは通貨（外国通貨）に含まれると解釈してよいか。これも政府答弁を参考にしますと、強制通用力があるかどうかということが重要であって、その通貨をその国なり中央銀行が発行したということではなさそうなので、そうだとすると、これも含まれると解釈することになるのかなと考えているわけですが、自信があるわけではありません。

　非常に早口でわかりにくい報告になってしまいましたが、以上で終わりたいと思います。いろいろご意見を頂戴できればと思います。どうぞよろしくお願いいたします。

討　議

神作会長　河村先生、大変貴重なご報告をどうもありがとうございました。

　それでは、ただいまの河村先生のご報告につきまして、どなたからでも結構でございますので、ご意見、ご質問をお願いいたします。

大崎委員　大変包括的なご報告ありがとうございました。1点、私の感想を申し上げて、河村先生のそれに対する感想をお伺いしたいのと、もう1個、純粋に質問をしたいのです。

　今の河村先生のご報告でも、再三にわたって通貨性とかビットコインの性質は何かという論点が出ていたように、日本では、いわゆるトークンとか仮

想通貨と言われるものを、現存する法定通貨との連想で議論することが非常に多いように思うのですが、現実に世界で今やられているさまざまなプロジェクトなるものの内容を見ていくと、昔のビットコインでピザを買ったとかいうような話とは全く違う使われ方が進んでいるように思う。日本は、世界最大のビットコイン取引所（マウントゴックス）がなぜかたまたま日本にあったという衝撃的事実をきっかけに法整備を非常に早く進めて、それはそれでよかったのでしょうけれども、事態がそれを追い越してしまったところがあって、今や従来型の物品やサービスを購入するためにビットコインを使おうというのは、余り人の考えていないことのような気がするのです。この辺、通貨性ということにこだわり続けることの弊害はないのかと私は思っていまして、確かにビットコインに関しては送金で悪用されるとかいろいろありそうですが、それ以外の、今幅広く用いられているトークンは全然違うような気がしております。そこについてどう思われるか。

　例えば、全然違うものの１つの例でいきますと、河村先生からご紹介のあった最新のSECによるエンフォースメント事案のParagonなどは、大麻の合法化を目指して活動する人たちが共同オフィスをつくって、そこでいろいろなことをやって、その賃料はParagon coinで払うという仕組みで、非常に荒唐無稽と言えば荒唐無稽なのですが、現実に不動産を借りてオフィスは既に開所しているということなので、詐欺と断定はしにくいような気もするのです。そんなような世界と今までの日本の議論とはちょっとずれていないかということです。

　もう１点は、17ページでご紹介のあったトークン発行をどう規制するか。１つの方法として、仮想通貨交換業者としての登録、あるいは仮想通貨交換業者に販売・交換を委託することが必要となるという理解。私も日本の現行法を前提にすると、そういうふうにしか読めないように思っておるのですが、仮想通貨交換業者としての登録は、現実には登録審査が大変なことになっていて、前に金融庁が公表したベースで160社が審査待ちでしたか、全然進んでいないから現実的ではないし、仮想通貨交換業者に販売・交換を委託する

ことになると、技術的に限定されてしまう問題がないのかと思っています。

　例えば、今ERC20ベースの仮想トークンが非常に多いわけです。時価総額でいうと5番目ぐらいに大きいEOSトークンなどは、従来型のイーサリアムとは全く別の世界で機能するものとしてつくられていて、それ（EOSIO）ベースの新しいトークンもまた生まれつつあるのです。そういうものの保管や移動に使うウォレットをサポートする仮想通貨交換業者がなかった場合、結局、委託と言っても技術的にできないわけですね。多分日本国内にはそういうものをサポートする仮想通貨交換業者は1社もないのではないかと思うのです。

　そういう仮想通貨交換業者を基軸として制度を考えてしまうと、言ってみれば、彼らの後進性によって技術の発展なり事態の進歩が阻害されてしまうのではないか。その人たちにまた自主規制をやらせるということも、これだけ変化のスピードが速い中で、一種の既得権益を持った人たちが古臭い考えで勝手なルールをつくることにつながるだけなのではないかと思っているのですが、その2点についてお願いいたします。

河村報告者　まず1点目ですが、これは私が飛ばしてしまったところとも関連するかと思うのですが、レジュメ16ページの3-2のところです。ICOのトークンが仮想通貨に該当すると、通貨という言葉が出てきてしまうわけですけれども、いろんな性格のものがあって、ペイメントトークンみたいな、本当に仮想通貨の名にふさわしい決済用のものがあったり、ユーティリティ型のトークンであったり、アセット型のトークンであったり、ハイブリッド・トークンなどもありますので、その性質に応じて適切な規制を適用するというのが基本的な考え方であるべきだと考えています。したがって、仮想通貨という用語の「通貨」という言葉に引きずられ過ぎるのはよくないと私は思っておりますので、そこは恐らく大崎先生と余り違いはないのかなとは考えております。

　その上で、先ほどの集団投資スキーム持分の場合には、仮想通貨を金銭のかわりとして使っている場合があるのではないのかということで、同視して

いいのではないかという話をさせていただいたということになります。

　17ページのところは、先生のご懸念は本当にごもっともでありまして、難しいなと思うのです。新しい技術を育てていきたいと思いつつも、やはり現状のICOとかを見ていると非常に詐欺的なものが多い。新しい技術と言いつつ、ただそう言っているだけにすぎないのかもしれない。本当はイノベーションでも何でもないのかもしれない。そうすると、そこについてその分野の技術に精通した人たちによる審査をある程度かける必要性が、少なくとも現段階ではあるのではないか。確かに本当に最先端の人たちからすると、もはや古臭い業者になっている部分もあるのかもしれませんけれども、現段階では仮想通貨交換業者をかませるというのが妥当なのかなと私は思っているところであります。

　ただ、繰り返しですけれども、自主規制の内容、執行の妥当性などをどう確保していくのかというところ、例えばトークンの上場の取り扱いが本当に中立公正に行われているかという透明性の確保とか、そのあたりは十分に見ていく必要があるのだろうとは思っています。現段階ではそういうふうに考えています。

大崎委員　今の点に関連して思ったのですが、仮想通貨交換業者は基本的に売買でメリットを得る人ですね、フィーという形をとるにしろ、スプレッドという形をとるにしろ。ICOによるトークンの組成は、必ずしもトークンが転々流通してほしいということを大いに期待している人ばかりではないので、そこには何となく利害の不一致があるような気もするのですけれども、その辺はいかがですか。つまり、既存の株式などの世界で言っても、上場して大規模に流通することを期待するものと、例えばベンチャーキャピタルも株式に投資するわけですけれども、その場合の審査基準は全く違いますね。その辺はどうなのですか。どうしてもたくさんの投資家が売買するのに適しているかどうかという観点になってしまうような気もするのですが。

河村報告者　それは、そもそも不特定の者との関係で代価の弁済に使用できないとか法定通貨や仮想通貨と交換できないとか、そういう制限がもしか

かっているのであれば、そもそも仮想通貨に該当しないことになりますね。

大崎委員 制限を技術的にかけているかどうかは、ちょっとわからない。

河村報告者 私の認識では、仮想通貨交換所で取引されることを予定しているものに関しては、仮想通貨の定義で言うところの、不特定の者を相手に代価の弁済に使用でき、不特定の者を相手として法定通貨と相互交換、あるいは1号仮想通貨と相互交換できるように設計されると思います。ですから、発行者による制限がかかっていないということがありますので、こういったものは仮想通貨として取り込んでしまっていいのかなと思ったのですけれども、先生の言うようなトークンは、そもそも最初からそういう形で取引されることが設計されていないものになって、仮想通貨に該当しなくなるのではないですか。

大崎委員 設計されていないというか、技術的には何も限界はないのだけれども、ネットワークに参加する人たちは、そういう期待を持っていないというのはあり得ますね。それは株式が理論的には誰にでも譲渡できるけれども、みんな譲渡するはずがないと思って出資されている株式もあるのと同じようなことなのかなと思ったのです。

河村報告者 なるほど、取引はされるけれども、保有者は転売とかは別に望んでいないケースがあるのではないかということですか。ただ、そのケースの場合には、やっぱりそれはわからないということだと思うのです。さまざまな投資家がいて、ずっと保有を続ける人もいれば、取引を望む人たちもいる。だとすると、流通市場が存在する以上は、公正な価格形成の確保なりというものがやはり必要になってくるのではないかとは思うのですが。

松尾（直）委員 いっぱい申し上げたいことがあります。まず私の考え方として、コインチェック事件が今年1月に起こる前の、2017年11月号の「ジュリスト」の「金融商品取引法の10年」という特集で、仮想通貨関連の立法が課題であると書いて、金融庁から別件のヒアリングを受けたときも主張したんですけれども、そのときの私の基本的な考えは、まず第一に、集団投資スキームについては金銭同等として仮想通貨を政令指定するべきであり、そ

れがもしできないのだったら、法改正して指定するべきであり、それによって集団投資スキームとして規制ができます。先生が解釈論としてまず「金銭」で「仮想通貨」を読むのは、内閣法制局の伝統的解釈からすると、ほぼ不可能だと思います。

あと、19ページの3-4-2の事案については、私は、集団投資スキーム持分の該当性を肯定するのは解釈上困難だと思いますので、立法的対応を図るという考えです。なぜかというと、日本はシビルローの国なので、構成要件の明確性が重んじられます。ファンドが集団投資スキームに当たるかどうか、私も相談を受けたことがあります。金融庁が言うところの金銭出資と同視されるような場合と同じだと思うんですが、金銭を仮想通貨に交換して、仮想通貨を出資することが当初から想定されているような場合には当たるという解釈は、相談を受けたときに示していました。ただ、この解釈にも限界があります。当初から、金銭でなく仮想通貨出資が想定されていて、業者が金銭を仮想通貨に交換することについて一切関与しない、仮想通貨交換業者の紹介もしないというような場合には、この解釈論は困難があると思うので、立法的解決が期待されるということです。

2点目は、ICOの規制とも関係します。第1項有価証券は「流通性」を求めるのでちょっと難しいので、仮想通貨を第2項有価証券として政令指定することを考えるんですけれども、これは実は金融庁も多分悩んでいると思うんです。「権利」じゃないといけないので、権利性の認定が技術的に難しいでしょう。一般にはユーティリティと称してICOが行われていまして、事実上困難ということはなく、日本の投資家相手に実際既にICOが行われているようです。仮に有価証券にした場合、権利性のあるICOと権利性のないユーティリティとしてのICOを区別するのが実務的にそう簡単でないのは間違いなくて、結局、内閣法制局の壁があって、金融庁はこれもなかなか困難と考えているのでしょうか。

こう思ったのは、最近の「仮想通貨交換業等に関する研究会」の金融庁資料を見ていて、金商法の規制対象じゃなくて、仮想通貨交換業者として規制

しようとしているなというように読めるんです。この点、残念なんです。元金商法の立案担当者として言いますと、金商法による規制を諦めないでほしいということを申し上げておきます。

要は、資金決済法で規制するということは、大崎先生がおっしゃったとおりで、仮想通貨交換業者の枠組みでしか規制ができないということなんです。その範囲外のものが生じた場合どうするんだ。逆にメリットとしては、そっちのほうが広いので、無権利型あるいはユーティリティ型のものも規制対象に入ってくる可能性があります。過少規制と過剰規制の両方があり得ますが、利用者保護という目的からすると、端的に金商法の規制対象にしたほうがいいと私は思います。これが1点目です。この点についての先生のご意見をお聞きしたいです。

2点目は、協会の自主規制への期待というのはわからないでもないんですけれども、まず第一に、私は仮想通貨交換業協会に一切関与していないことを申し上げました上で、この協会はできたばかりなので、果たしてその自主規制の実効性があるのかという課題があります。日証協の場合は長い歴史があって、協会員の監査もします。私の実務経験からしても、日証協の監査でいろんな問題点が指摘されているわけで、日証協の協会規則違反を認定されると、「法令等」違反として「事故等」に該当して、協会だけではなくて、金融庁への届出も必要になるということで、日証協の場合はエンフォースメントのパワーがあります。できたばかりの仮想通貨交換業協会に、先生がまさに指摘された、実効性確保のための機能が果たしてあるのかという問題です。

3点目は大崎先生がおっしゃったことと関連するんですけれども、自主規制団体の規制に委ねるということは、独禁法上の問題が生じ得ます。日証協もそうなんですけれども、業界団体は独禁法の適用除外になっていないのです。だから、日証協がCFDの規制を入れようとしたときに限界もあって、最終的に金融庁が法令で規制することになりました。それが独禁法上の問題だったかどうかはちょっと定かではないんですが、そういう経緯があったと

記憶しています。自主規制団体の規制については、大崎先生がおっしゃったとおり、競争の実質的制限に結びつくと独禁法上の問題が生じ得るという限界があるんですね。だから、個人的には、法令で規制して、その上で自主規制で具体的あるいは上乗せの規制をすることが適切だと考えているんですけれども、その辺の先生のお考えをお伺いしたいです。

　まとめると、法令上の規制のあり方と自主規制のあり方の2点をお伺いしたいと思います。

河村報告者　最初に、集団投資スキームの件で19ページ3-4-2のケースは、やはり無理じゃないかというお話をいただいて、私としてはまだ頑張りたいところではあるんですが、その点の先生のご意見はわかりました。

　2番目の、有価証券として取り込んでいくことの可能性ですけれども、レジュメの18ページの3-4-1で、ICOトークンを金商法の集団投資スキーム持分の中に取り込んでいくときに、「出資対象事業…から生ずる収益の配当又は当該出資対象事業に係る財産の分配を受けることができる権利」と書いてあって、これがハードルになってしまうという話をさせていただいて、仮想通貨一般についても、こことつながってくるのかなと思っているのです。私個人的には、この権利のところを、このレジュメではなくて拙稿のほうでも少し触れているのですが、もう少しここを緩めることはできないのか。また、内閣法制局の側では無理だという話なのかもしれませんけれども、アメリカみたいに、権利ということではなくて、利益に対する期待みたいな形で緩めて、金商法の中に取り込んでいく仕組みを考えられないのかと思っているところです。そもそも私の出発点は、基本は金商法で対応すべきだということですので、そこは先生と恐らく変わらないところかと思います。

　それから、協会の実効性の話は確かに先生のおっしゃるとおりで、独禁法の話は私は完全に頭の中から抜け落ちていたところで、大変重要なご指摘だと思います。おっしゃるとおり、きちんと法律の制度の枠組みをつくった中でやらないといけないと思います。ありがとうございます。

松尾（直）委員　補足なんですけれども、日証協の中に自主規制に関する懇

談会というのがあって、僕はメンバーだったんですが、そこで日証協さんが独禁法上の論点を整理されたことがありまして、それは非常に参考になるということでございます。

　もう1つ先生のおっしゃっているのは、結局、仮想通貨自体を有価証券として指定するのではなくて、要はICOについては金商法のファンド規制に対象にするという趣旨でしょうか。もしそうならば、論点が違うわけでして、仮想通貨自体を有価証券に指定すると、果たして仮想通貨の権利性はどうやって——有価証券というのは権利じゃないといけないので、そこが難しいところです。だからファンド規制で対応するというのは1つの考えだと思うんですけれども、ファンドというのはまた別の要件がありまして、金銭出資で出資対象事業というのがあって、分配をする。分配は金銭同等物に制限はされていないのですけれども、それが本当にファンドと言えるのかという実体を見る必要があって、ファンド規制だけで大丈夫か。ファンド規制で読めないものもあるのかもしれません。それを拾うために権利性のあるものを、できれば包括条項に基づく政令指定でできないかなということを私は模索しているので、技術的には論点がちょっと違うんですね。

河村報告者　私の説明が不十分だったと思います。おっしゃるとおりで、仮想通貨に関しては、ICOトークンのようなもので、発行者があってファンドとして捉えられるものもあれば、ビットコインとか現在のイーサのように捉えられないものもある。ところが、捉えられないような仮想通貨であったとしても、市場で取引されて非常に投資性、投機性があるものがあると認識しています。

　仮にそういう仮想通貨を有価証券と指定したときに、開示規制、業者等規制、不公正取引規制という規制がかかってくると思います。ただ、開示規制ということを考えた場合に、ファンド型じゃないものになってくると発行者がいないものになりますので、誰が開示を行うのかという話が出てくると思いますし、業者等規制に関しては、既に資金決済法で対応されている。そこが十分だというふうに私は思っていませんけれども、そちらのほうでカバー

できる部分もあるのかもしれません。

　問題は不公正取引規制のところだと思っています。そこに関しては、私は、実は有価証券認定じゃなくて、金融商品認定してあげれば、先ほど申し上げたように、158条のところでうまくかけられるんじゃないかと考えています。ただ、金商法158条の文言が、デリバティブ取引に係る金融商品であるとか、趣旨が「デリバティブ取引の公正のため」みたいなことでやられてしまうと、アメリカのMy Big Coinのケースみたいに柔軟には対応できないという部分があるかなと思っています。そうすると、金融商品指定してあげて、デリバティブ規制及び不公正取引規制をかけられる。できれば158条だけではなくて、157条も含めてかけてあげるようにしていくと、対応としてはできるんじゃないのかなと思っているところであります。

松尾（直）委員　申しわけないんですけれども、158条は、あくまで「デリバティブ取引に係る金融商品」なので、解釈上、「金融商品」全般が対象になるものではありません。「金融商品」全般は、金商法の規制対象ではないです。

河村報告者　恐らくそういう反論はあるかと思っていました。

松尾（直）委員　念のため申し上げておきますけれども、おそらく金融庁も同じ解釈だと思います。

河村報告者　わかりました。

松尾（直）委員　金融庁は、今回の最新の資料でも、金融商品取引所で扱うのはどうかと言っているので、結局、金商法じゃなくて、資金決済法の改正で対応しようとしているのではないかという、根本的な疑問があります。そうすると、「金融商品」のところも手当てしないのではないかという懸念があります。

後藤委員　勉強になりましたと言うほど、まだ理解できていないということを十分自覚した上で、基礎的なところをお伺いしたいのです。

　今の松尾先生のご指摘とか、最初の大崎先生のお話もかかわるのかもしれないんですけれども、きょうの河村先生のご報告の中で、通貨とか金銭をど

う解釈してこれをやるかみたいな話があると同時に、他方で、不公正取引規制などをかけるべきであるという、解釈論ではなくて、その前提となるポリシーをどうするかという話が大分まざっているようにも聞こえたんです。

　私が認識している限りですと、去年ビットコインがすごく乱高下したときに、このままだとそれに投資して損をする人が出てきて、投機商品の規制としてこれでいいのかという話がある中で、金商法として投資商品としての規制をかけるべきであって、だとすると金商法が本筋だというのが、今の松尾先生のお話だと思うんです。

　何法でやるかというのは技術的な側面もないではないとすると、まず前提として、投資商品としての規制をかけるべきであるということや、不公正取引規制もかけるべきである。デリバティブのところはレバレッジの規制とかが問題なのかもしれないんですが、規制の中身として何をどこまでかけるかという話が、こういう問題だと多分先に来たほうがよくて、それを解釈論としてどこまでいけるのかという話をし出すと、大分脱線していくおそれがあるんじゃないかなというのが、自分がわかっていないだけではあるんですけれども、ちょっと感じたところです。感想めいていてすごく恐縮です。

　そこまでについてまずお伺いしたいのは、投資商品としての規制と不公正取引規制とデリバティブのFXのような規制をかけるということについては、政策レベルでは意見の一致があるのか。それとも、そもそもビットコインとかそういうものは自由であるべきなんだという主張みたいなのがあって、それなりに有力なのか。金融庁の研究会などでの議論の動向というんですか、何法でやるかという以前に、何をどこまでやるべきかという次元で、どういう議論になっているんだろうかということ。

　さらにICOは、そもそもこんなものを買うやつが何でいるのかというのが不思議でしようがなかったりもするのですが、（笑）ICOはICOで、さらに一歩引いた規制であるべきという主張があったりするのか、それとも、これも単純に株と同じようなことをしてしまえばいいということでみんなまとまりつつあるのか。そこの解釈論とか何法でやるのかという議論より、政策

レベルで今、どの単位で合意がとれているのかというのを、ちょっとご教授いただけますと大変ありがたいのですが、どうぞよろしくお願いいたします。

河村報告者 金融庁の研究会でどのあたりが合意点なのかというのは、私にはちょっとわからない部分もあるのですけれども、少なくともまず私の考え方は、ポリシーとして一番根底にあるのは公正な価格形成の確保が必要だということです。そこがなければ、本来の仮想通貨の機能も発揮されないと思いますし、また、ICOにおいても不公正なことが行われてしまうと思っていますので、公正な価格形成を確保するという観点からさまざまなものを考えているというのが一番根底にあります。

そこに関しては、恐らく反対意見は余りないんじゃないかなと私は思っています。極端な自律分散型社会といいますか、中央管理者がいない世界といいますか、そういうものを信奉している方からすると、そういうものも拒否するという考え方があるかもしれませんけれども、恐らく多くの方はそういうふうには思っていないのかなと思います。

それから、ICOに関して多くの合意がとれているところと思われるのは、およそ投資性のあるものであるならば、投資性のある商品に規制される金商法等のルールと同じようなものが適用されるべきである。利用者にとって同じような投資性の性格のあるものであれば、同じような規制がかかるべきであるというところが、一般的に合意がとれている話ではないのかなと思います。

すみません、質問に対する回答になっていないかもしれません。

大崎委員 今の点についてですけれども、公正な価格形成が一番重要じゃないかというのは、少なくともビットコインとかリップルとかイーサとか、そういうのを見ていると、なるほどなという感じがするんですが、その他もろもろのトークンまで視野に入れて考えると、それはちょっと行き過ぎではないかなという感じもします。まして日本みたいに、仮想通貨交換業者という流通に専らかかわる人たちを主軸にした規制を考えていくときに、公正な価格形成ということを余り言い過ぎると、結局新しいものが抑圧されるだけに

なってしまうような気もするんですけれども、そういう懸念はないんですか。

河村報告者 例えば、先ほどレジュメの中でパンプ・アンド・ダンプの話を紹介しましたけれども、あれが行われるのはICOトークンです。なぜかというと、量が少ないから価格が動きやすいというのがあると思うんです。ですので、ビットコイン等、主要な仮想通貨だけではなくて、ICOトークンを含めて公正な価格形成を確保する仕組みというのは必要ではないのかなと思っています。本来向かうべきでないところに人々のお金が行ってしまうというのは、イノベーションの観点からよくないと思っているので、そこは規制すべきなのではないかと思います。

神作会長 仮想通貨交換業等に関する研究会のお話が出てきましたけれども、加藤先生と私が参加メンバーとして参加しております。加藤先生、コメントはありますでしょうか。

加藤委員 公正な価格形成というか取引の透明性をいかにして確保するかという問題は、まずは仮想通貨について検討されたと記憶しています。ICOの公正な価格形成という話については、ICOの実体自体がよくわかっていないという問題があります。仮想通貨交換業等に関する研究会の第9回に、メンバーの方から「日本人が関与した主なICOについて」という資料をご提出いただきましたが、これはイーサリアムのERC20を使ったICO案件を手作業で調査していただいたものです。

　ご紹介いただいた事例については、ICOで発行されたトークンはイーサリアムのブロックチェーン上でそれほど流通していないというご説明がありました。ただし、イーサリアムのブロックチェーン上では流通していないけれども、トークンにも仮想通貨交換業者に相当する業者が存在しており、そのような業者と顧客の間で取引が頻繁に行われているという事例もあるようです。そのため公開されているブロックチェーン上の記録だけでは流通の実体が分かりにくいとのご指摘もありました。

　私も、1点、公正な価格形成についてコメントしたいと思います。河村先生が懸念されているのは、流通価格の形成が公正ではないと、例えば価格が

高くなったときに発行者が追加発行をするという事態が頻発し、そのような事態は効率的な資金配分という観点から問題となるのではないかということだと思います。ただ、私が少し調べた限りでは、ICOでトークンを追加的に発行した例は余りなくて、一回一回で独立しているような気がします。

そうすると、公正な価格形成を確保するような法制度を検討していく場合に、株式市場だったら、株価はファンダメンタルバリューを反映していて、それに従って資金調達が行われることが経済にとって効率的だということが、ICOについても成り立つのかという問題が出てくるように思います。ですから、同じ者が、トークンの流通価格に基づきICOを複数回行うようになると、価格形成の話がより重要になってくると思いました。

関連してもう1点、私は何度か仮想通貨交換業等に関する研究会で、相対取引で行われる場合が多い仮想通貨やトークンについて、その市場価格というか取引の基準となる指標のような価格は存在するのか、または、どのように算出するのか、という質問をしたことがあります。仮想通貨やICOを資金調達という観点から見た場合、指標となる価格の決まり方が非常に重要になってくるように思います。ICOについては複数の取引所の価格をまとめたウェブサイトがあるようです。このような指標のような価格が存在する場合、相場操縦の対象になる可能性があると思いますが、そのような問題を河村先生がご提案するような形で規制することについては、そのような指標に従って資金調達が行われるという実態があると、より説得力が増すような印象を持ちました。

神作会長 今の点に関連して私からご質問させていただきたいと思います。

私も金融庁の仮想通貨交換業等に関する研究会に参加させていただいており、そこでどのようなコンセンサスがあるのかと言われると、第1に、証拠金取引など仮想通貨のデリバティブは何らかの形で規制をすべきであろうという考え方は強いと思います。

第2に、明らかに権利性がある集団投資持分に当たるようなものは、先ほどの金銭等のところに仮想通貨を明示的に含めるなどして、金商法上の有価

証券として扱い、金商法を適用する。ただし、ICOトークンを有価証券とする場合に、2項有価証券にすると開示規制が原則適用されません。先ほどの価格の公正性や投資者保護との関係で、開示規制をかける必要があるという意見が強いと思います。そうすると、むしろ1項有価証券的に扱うのが適当であると考えられます。1項有価証券として扱うのか、それとも2項有価証券にしたままで特則を考えるのか、といった問題があると思いますけれども、2項有価証券として取り扱う場合には、恐らく河村先生のご報告はそのような立場を示唆されたように伺ったのですが、開示規制が抜けてしまうという問題があるように思います。2項有価証券として扱うこととした場合に、価格の公正性との関係で、一体どのような手当てをしたらいいのかについてお聞きしたいと思います。

　それから、そういった集団投資スキーム持分ではない、まさに仮想通貨自体は、私の理解では、公正な価格形成という議論は余りない。そもそもファンダメンタルバリューがあるのか、一物一価なのかどうかというところに疑いがあると思っている人が多いけれども、相場操縦規制などの不公正取引規制は適用すべきであるとの意見が強いと思います。内部者取引とか相場操縦とか、余りひどいものは規制の対象にすべきであると考えているメンバーが仮想通貨交換業等に関する研究会においては多数であったという印象を持っています。

大崎委員　今の神作先生のご質問に河村先生が答えていただく前に、1個確認なんですけれども、先生がおっしゃる2項有価証券でやる場合はというお話は、業規制ともセットというのが前提ですか。

神作会長　前提です。ただ、そこはさらに検討の余地があります。業規制のほうも、クラウドファンディング業務にかかる規制に近づくのではないかという意見も研究会では出されたりしていて、開示規制にしても業規制にしても、いずれにしても今までの1項有価証券、2項有価証券のいずれかに位置付け、その場合の現在の規制をそのまま適用すれば済むというわけではなさそうだというコンセンサスはあると思います。もっとも、具体的な各論にな

ると、どのような規制をすべきか現時点ではコンセンサスがあるようには見受けられません。

河村報告者 拙稿に関連する部分があるのかなと思います。「金融法務事情」の「ICO規制に関する一考察」の51ページから、「トークンと仮想通貨・集団投資スキーム持分」ということで、仮想通貨に該当するとしても不十分だというのが書いてあり、52ページに、集団投資スキーム持分、すなわち２項有価証券のほうで、現在「収益分配の権利」という形になってしまっているのがちょっとネックになっているので、ここを、「政令指定を待たなくても同法の規制対象とできるよう、集団投資スキーム持分概念をより包括的なものへと改正するなどの対応を検討すべきではないだろうか」。その後に「仮にICOのトークンが集団投資スキーム持分に該当したとしても、ICOの多くはいわゆる事業型ファンドに該当し、開示規制は適用除外されるのではないかと思われるが、市場性を持ちうるトークンについてそれでよいのか（ICOに適した開示規制を考えるべきではないか）」と考えています。「現行法上、事業型ファンドで開示規制が適用除外される場合であっても、契約締結前交付書面の交付といった業者規制はある」わけですけれども、開示規制と業者規制では違反時のエンフォースメントに違いがありますので、こうしたエンフォースメントの違いが合理的かといった点なども再検討すべきではないかと考えています。

　したがって、２項有価証券に該当してそれで十分であると考えているわけではなく、先生がおっしゃるとおり、適正な価格形成のために開示が重要であると考えていますので、そのあたりもあわせて検討していかなくちゃいけないだろうなと思っています。

大崎委員 今の点についてですけれども、１項有価証券であると開示規制がかかるけれども、募集・売り出しを含めてみずから行うことができて、流通の場面では金融商品取引業者、しかも第一種の金融商品取引業者が関与しなきゃいけないということになるわけです。これもしかし、投資家同士が相対で売買すれば業者の介在は要らないですね。ところが、２項有価証券だとい

う話になると、規制が緩い面がある一方で、最初に販売する段階で既に第二種金融商品取引業者が関与しなきゃいけない。これはもしかすると、新しくやろうとする人にとっては、よりハードルが高いような感じもするんですね。この辺をどう調整するのが一番いいのか、何かお考えがあれば。

河村報告者 そこはむしろ私が逆にお聞きしたいところではあるのですけれども、やはりハードルが高いものなんでしょうか。つまり、私の頭の中にある前提が、ICOは現状で本当に詐欺が多いという認識がすごくあるんですね。なので、例えば発行する人に、自己募集という形で業者規制をかけるというのはあり得るのかなと思っていたんですけれども。

松尾（直）委員 また口が悪いんですけれども、学会では証取法当時からの議論として、規制の中心は開示規制と不公正取引規制であるとして、伝統的に業者規制が軽視されていまして、六法には業者規制の部分が省略されていることが多いです。そこは、私は前からこの研究会で申し上げたと思うんです。イギリスの金融サービス市場法もそうなんですけれども、金商法のときに業者規制にできるだけシフトした体系に移して、それは早稲田大学の上村先生に適切にご指摘いただいています。

　大崎先生のおっしゃるとおりで、業者規制に入れたほうがエンフォースメントされますから、開示規制より強力なんです。これが金商法の考え方だと私は理解しています。なので、第2項有価証券の指定で十分ではないかと思います。私は、投資信託を有価証券届出書を対象にしていることにも批判的なんですけれども、公衆縦覧じゃないと一般の人は見ることができませんけれども、利用者保護には業者規制を通じたほうが効果的というのが実態という考えで、金商法というのはそういう考えでつくってあります。体系的な考え方がシフトしているわけです。

大崎委員 誤解があるといけないんですが、私がちょっと気にしたのは、例えば、ICOを1回やるだけでも第二種金融商品取引業者の登録を受けなければならないというのはどうなのかなという気がしています。逆に、詐欺が多いという河村先生のご指摘はそうかなと思う一方で、過去も詐欺師は、プ

ロ向けファンドの届出業者なんかはどんどん届け出をやっていたんですね。変な話ですけれども、詐欺師とイノベーターだと、詐欺師のほうが法律に詳しかったりもするので、（笑）ある意味善意のITオタクみたいな人が無登録業者だとか言われて捕まるというのは、余り建設的じゃないような気もするんですけど。

松尾（直）委員 何を目的にするかで、今回の規制の中核は利用者保護でしょう。何法がどうかという後藤先生のご指摘ですけれども、どういう目的で規制するかというは、何法でやるかにかかわります。資金決済法の目的は、資金決済システムの安全性・効率性・利便性の向上に資するといったところで、合わないように思われます。立法技術的にもしあるとしたら、資金決済法から仮想通貨交換業者の規制を切り離して、新しく法律で規制するというのはあり得るかなとは思います。しかし、金商法という受け皿があるではないかと思うわけです。

　大崎先生の指摘は、結局、金商法の業規制である自己募集・私募の対象にするかという論点でしょう。例えば株式発行は業規制の対象とされていないわけです。入れるんでしょうね。入れると金商業者でないと扱えなくする。でも、それは多分無理なんでしょうね。自問自答していて済みません。

河村報告者 今の資金決済法の目的の話は、私も全くそのとおりだと思っています。再び論文のほうの51ページの真ん中の右側に少し書いたんですけれども、結局、トークンを仮想通貨に該当すると認定したとしても、それだけでは不十分だということです。「トークンを含めた仮想通貨市場の公正な価格形成を確保するという観点からは、現在の資金決済法による規制だけでは」不十分で、「同法で対応するとした場合、公正な価格形成の確保との関係を踏まえた同法の法目的」自体が、先生のおっしゃるように再検討すべき話になってくると思いますし、「自主規制を活かしたICOの開示規制の在り方、トークン等の取扱基準の公正性・透明性確保や取引審査体制などの整備、金商法157条や158条のような包括的な詐欺・市場阻害行為禁止規定の導入と活用、エンフォースメントの充実など」が、考えなくてはいけない話にな

るのだろうと思っています。

後藤委員 まず、今さっきの松尾先生のご指摘はおっしゃるとおりで、もちろんその点を否定するつもりじゃなくて、何法で規定するかは当然その目的にかかわるんですが、目的から先に決めるべきであって、何法かが先に決まるべきではないという趣旨で申し上げたお話で、考えていることは恐らく同じかと思います。

　株式をどうするというお話があったんですが、逆に言うと、これを株式でやるのでは何がだめなのかというのが私はよくわからない。プロジェクト資金が必要なら、会社をつくって株式を発行すればいいだけであって、ICOという形をとることの意味がどこにあるのかがよくわからないんですね。もしくはクラウドファンディングだと、そのための仕組みもできたわけですので、それでやればいいような気もするんですが、ICOでやるということに、何かそこだけでブロックチェーンとかそういう技術は発展するのかもしれないんですけれども、この方式をとることの独自の意味が何なのかということがわからないから、ないというふうに判断していいのかというのは、またそれ自体が問題です。そこをどれぐらい評価するかによって、ICO法案はできるだけ厳しく規制すべきなのか、ほかに何か生まれてくるかもしれないから緩やかにしておいてやろうかというところが決まってくるような気がするので、先ほど、どこまでやるということのコンセンサスはどうなっているかということをご質問した次第です。

　利用者保護をどこまでするかということですが、株だといろんな人が買っているんですけれども、ICOのトークンを買っている人が世の中にどれだけいるのかというと、よほど新し物好きなのじゃないかなと、株すら買っていない私としては思ったりするところではあります。さらに怪しいということが大分わかった上で、ただ、それでもみんなばくちに手を出しているのだとすると、それはどこまでパターナリスティックな保護をする必要があるんだろうかという問題にもまたつながり得るところで、さっきの、規制がない社会がいいみたいな人たちがいるとすると、ある程度自覚的に野放しにして

おくという政策判断は、あり得ないのではないかのかもしれません。

　その覚悟の上で、ばくちには手を出すということをするのもあるのかもしれません。ただ、そこには賭博罪があるということをどう評価するかという話があって、デリバティブを解禁したときには、何かよくわからない理屈で解禁をしたわけですけれども、それなりの意味が社会に何らかの形であるんだったらいいかというときに、技術が発展するかもしれないからというのでいいんだったら、それはそれで認めておくというのもあるのかもしれない。

　そうすると、価格形成は公正なほうがいいとか、不公正なことがないほうがいいという意味では、恐らく誰もそれ自体に反対することは難しいのだとは思うんですけれども、決めなきゃいけない政策判断というのは、もっとおりたところというんですか、もっと具体的なレベルで、どれぐらいこういうのに厳しく規制をかけて禁圧的にいくのか、それとも一定程度の被害は発生してしまうかもしれないけれども、最低限の規制でイノベーションを促進するという方向にかじを切るのか、そこに多分あって、今までのお話を伺っていると、そこにはどっち側の路線の人もいて、コンセンサスがとれているわけではないのかなと感じた次第です。長々と済みません。

神作会長　河村先生、コメントがありましたら、お願いします。

河村報告者　ICOがなぜ行われるのかという点で言うと、恐らく資金調達というだけではなくて、ホワイトペーパーとかを読んでいるとよく出てくるのが、エコシステムをつくるというものなんです。ICOで集めたお金で、発行者が、そのトークンが使えるような経済の仕組み、経済圏をつくっていく。そこに参加することに意味を見出す人たちがトークンを買う。また、そのトークンが取引所で取引されることが可能になると、それを転売することもできるという形で、投資性も生まれるということでICOを実施しているんだと理解をしています。

　ただし、アメリカとかで今言われているのは、登録免除の仕組みを利用してしまうと、取得者がいわゆるプロに限定されてしまう。本来トークンエコノミーというのは別にプロだけで構成するわけではないにもかかわらず、普

通の人たちがトークンエコノミーに参加することが想定されているはずなのに、登録免除の仕組みを受けるにはプロを相手にせざるを得なくなってしまっているので、本来のICOのトークンエコノミーという理念からは離れてしまっているんじゃないのかという話もあるところです。

　クラウドファンディングはともかく、先ほどの西粟倉村みたいな例もあるわけですので、別にさまざまな資金調達手段なり、あるいはエコシステムの形成の仕方があってもいいのかなと個人的には思っているところではあります。

後藤委員　今のお話は、私も、それはそれでむしろいいんじゃないかなと思うんですが、そうすると、そこで価格形成の公正性の話がどうやって出てくるのかというのがよくわからない。西粟倉村のお話は、エコシステムと言うと格好いいのですが、その村でしか使えない商品券を発行しますというのとどれだけ違うのかということがよくわからなくて、これがもし商品券だとすると、手を出す人はそんなにいないんじゃないかなという気がするんですね。そこに行ったことがあって、観光地としていいのでサポートしたいとかというニーズはもちろんあるでしょうし、それは自由に買えてもいいような気はします。

　もしそれでいくと、今度は前払い式支払い手段の話に多分なってきて、そうすると、確かに資金決済法かもねという気はするんですが、ビットコインとかとは大分違う話になってくるので、それを仮想通貨だから全部まとめてというのはちょっと乱暴かもしれず、そうすると、分離しましょうという先ほどの松尾先生のご指摘は、そういうところにも少し響いてくるのかなとは思ったりはします。

　質問としては、そういうものについても価格形成とかという話はどこまで効いてくるのでしょうか。

河村報告者　西粟倉村が「商品券を配ります」では、こんなに注目されなかったと思うんですね。ICOをやる。集めたお金を、村で使えるだけではなくて、いろんな企業に村に来てもらって、そこの事業資金として使うということを

言っているわけで、そういう意味で商品券とは違う、広告効果と言ったら変なのかもしれませんけれども、アピールはできていると思うんですね。

ただ一方で、仮想通貨の話をすると、やっぱり怪しい、ICOは詐欺が多いと、多くの方が思っていて、それは公正な価格形成というところでパンプ・アンド・ダンプが行われたりして、結局ICOというのはその一環じゃないか。西粟倉村のICOも、わかりませんけれども、別に擁護しているわけでも何でもないんですけれども、怪しいものというふうに捉えられてしまうのがいかにももったいないと思っています。その意味で公正な価格形成をちゃんと確保する、不公正な取引はちゃんと禁止する、摘発するという仕組みをまず整えてあげる。ICOというのはそんなに変なものじゃないんだという形で、資金調達が行われ、エコシステムが形成され、新しい技術が展開していくという仕組みにするのが正しい道じゃないか。その意味で、公正な価格形成というのは非常に重要なものとしてかかわっていると私は思います。

松井（智）委員 今の点がさらにプリミティブな話になってしまって申しわけないのですが、西粟倉村の仮想通貨の話をさらに掘り下げますと、財、サービスと交換できるというオプションと、値上がりプラス議決権が得られるというオプションが1つに入っているというのがとても理解できない。財というものが金銭と等価で交換できるのだとすると、そこで交換をすることによって、企業が生み出したものが減るわけですよね。減ったということは、その企業の持っているアセットが減る、値下がりをするはずです。

仮想通貨を財と交換するというのは、会社の株価といいますか、仮想通貨の価値を押し下げる動きであるのに対して、値上がりを期待してずっと持っているという人たちもいたりする。そうすると、財と交換をしても、さらにまだそれをはね返すだけの収益性みたいなものを企業が持っていないといけないだろう。そうだとすると、そんなにはっきり見てわかるような収益性があるビジネスを、何も仮想通貨みたいなものを発行してやらなくてもいいんじゃないかと思ってしまうので、そういう意味では、後藤先生の疑問を私も共有するところなんです。その点が1点。

ただ、日本では、そういう考え方に共感をして、零細な一般投資家が投資をたくさんしてしまっているというところが普通とは違うのかなと思います。秋にドイツのほうで話をする機会があったんです。そのときに聞いたのは、ドイツでは年間のICOの数は6件。そこで、トークンとはどんなものかというものに従って、バリバリに金融商品である。ICOでトークンを発行する業者も、例えばそれが交換手段として使えるかとかいったようなことを考えると、銀行法みたいなものの規制の対象になる可能性があるという形で、がっちりとした、いいものしか入れない。ほかのものを買ってしまった人は、それはお気の毒ですね、と。流行に一番敏感なトップ層しかこれを投資しないという前提のもとに、それで割り切ってしまっていて、ものすごく冷淡な社会なんですね。

　そういうことを考えると、日本というのはそこから段階が進んでしまっていて、別のシステムを考えるべきなのかもしれないんですけれども、その裏にある、そもそも何でこれを発行しているのかということについても、もう一回考えたほうがいいのかなと思ってはいるところです。

神作会長　河村先生、コメントをお願いします。

河村報告者　私ももう一度考えますという答えにならざるを得ないかなとは思いますけれども、(笑)トークン、ICOについて改めていろいろ見て、ちょっと考えたいと思います。西粟倉村の件に関しては、私は別に関係者でも何でもないので、実際にどういうふうにトークンを仕組んでいるのかとか、そのあたりは私にもちょっとわからない。あくまで報道ベース、プレスリリースでご紹介しているだけですので、その点、申しわけありません。

　その中で私なんかが思っているのは、最初のほうにお話がありましたけれども、まず法律の枠組みをちゃんとつくった上で自主規制をうまく活用することによって、いいICOが行われればいいなと思っているのですけれども、改めてICOの意義について考えたいと思います。ありがとうございます。

松尾（健）委員　11ページのところで、CFTCの考え方を裁判所が認めてくれたというのが出ていまして、非常に興味深いのですけれども、もう少し

根拠といいますか、特にこのカテゴリーというのはどうやって判断しているのかということを教えていただきたいです。

　先物とかデリバティブ市場があるときに、同一の銘柄の現物市場のほうの詐欺的な行為ですとか不公正取引も取り締まるというのはわかります。しかし、先物として上場されているその銘柄以外にも、同じカテゴリーのものは規制できるということですね、これは。考え方としては、例えば同じカテゴリーにあるものを操作すれば、そのカテゴリー全体としても値下がりするとか、価格が連動するから、同一カテゴリーにあるものは同じように規制してよいのだということなのでしょうか。

　しかも相場操縦のような不公正取引だけでなくて、ポンジースキームのようなものも詐欺として規制しているということなので、そうすると、価格操作だけではなくて、詐欺的な行為も規制できると考えているように思えます。これはちょっと飛躍があるようにも思うんですけれども、このあたりについて、裁判所等がどういうふうな説明をしているのか教えていただけると大変ありがたいと思います。

河村報告者　おっしゃるとおりで、私も、CFTCはすごいところまでやってきているなと理解しています。My Big Coinのケースですと、先生が先ほどおっしゃったように、My Big Coinで詐欺が行われると、それが例えば連鎖してビットコインにつながって、ビットコインのデリバティブにつながるから、みたいな理由づけはしていないように思います。私が見落としている部分があるかもしれませんけれども、見ている限りではそういう話はないように思います。

　My Big Coinのケースの場合、条文の文言やそれに関する連邦議会の意図をとても大切にしていると思うんですけれども、それは結局、特定の品目じゃなくて、カテゴリーに焦点を置けばよいのだということであると。また、（この事案では包括的な詐欺禁止規定たる商品取引所法6条(c)(1)が問題になっているわけですが、証券取引所法10条(b)が問題となった事案において）そうした法の解釈は法目的（救済目的）の実効性を確保するために柔軟に解釈し

ていいとした最高裁の解釈も挙げています。

　あと、ケースローとして、ナチュラルガスのケースを挙げて、具体的に〇〇のナチュラルガスじゃなかったとしても、ナチュラルガスであればコモディティーに入るんだみたいなことを裁判所が言っていて、仮想通貨も同じというような理由づけぐらいなんですね。それで今CFTCは動いてしまっているというところがあるかと思います。

　きょう、最初にお配りした「追加レジュメ」の1ページ目に、これもまだ細かいところまで読み切っていないので見落としがあるかもしれないんですけれども、「最新動向」の「（1）2018年11月9日、CFTCが、Joseph Kimに対し、同人が勤め先からビットコイン等を着服し取引を行っていたことなどを理由に100万ドル超の原状回復などを命じた」とあって、デリバティブ取引ではない、しかも、先生おっしゃるように、相場操縦とも関係のない、単に詐欺というところでどんどん摘発していっているという状況があるかと思います。

　なので、先生がおっしゃった疑問は私も持っているところですが、十分な回答を、今、持ち合わせていないので、申しわけありません。

飯田委員　2点質問です。

　1点目は、ICOに関して、国境は従来の考え方でいいのでしょうか。要するに、日本で行われるICOの規制は日本法、アメリカはアメリカ、ドイツはドイツという整理でやっていって本当にいいのでしょうか。将来、ICOが国境を越えて行われることがあるとすると、刑罰とかの規定は刑法の考え方でいいと思うのですけれども、例えば投資家が発行体に対して何らかの損害賠償をするときなどに準拠法の考え方は従来のものをあてはめればいいのか、それとも新たな整理が必要になるのかというあたりについて、ご意見を伺えればというのが1点目です。

　2点目はレバレッジ規制についてです。仮想通貨交換業協会の計算は、ビットコインをサンプルに計算したのだろうと思いますけれども、対象になっている仮想通貨のボラティリティーとしてビットコインが非常に安定的

なものなのか、それともボラティリティーが一番高いものなのかという点はいかがでしょうか。要するに、ビットコインの値動きを基準に4倍ということにしているようですが、仮想通貨の種類によってボラティリティーが違う可能性もあると思います。そのあたりはどうなっているのでしょうか。

河村報告者 済みません、両方とも現段階でお答えする力がございません。まず1番目は、私もまだよくわかっていません。準拠法に関しては、また考えさせていただきたいと思います。私は、国際的な調整はどうしても必要になってくるだろうというぐらいでしかまだ考えていませんでした。

2点目のレバレッジに関しては、おっしゃるように、コインによってボラティリティーの大きさは違うと思います。それこそ、例えば、一番最初に挙げたテザーのようにほとんど値動きしないようなものもあれば、ビットコインみたいに非常に大きく値動きするものもあると思います。

ただ、例えば、先生がご紹介されたようなFXみたいに、主要通貨とその他通貨で分けて考えるとか、そのあたりまで仮想通貨についても考える必要があるのかどうかというのは、仮想通貨それぞれのボラティリティーはどれぐらいずれがあるのか、そしてまた、一定のグループでくくることができるのかというところで少し考えてみたいなと思います。

尾崎委員 先ほど来の議論にちょっと戻る部分もあり、私がご報告も議論も理解できていない部分がいっぱいあるのですが、少しお伺いできればと思います。

最初に話を伺ったときに、有価証券に似ているのだったら金商法の規制をかければいいじゃないかというのは、非常にシンプルでわかりやすい議論に思っていたんですけれども、そうすると、レベルをどうするかは別として、業規制とか開示規制とか不公正取引とか、そういうものに全部規制がかかってくると思うのですが、それとは別に、先ほど、質疑の中で、詐欺とかが心配で、"いいもの"しか入れないようなことができないかという発想のことをおっしゃっていたと思います。"いいもの"しかないということを確保するために、いろんな規制を入れようという発想は、一方ではあると思うんで

すけれども、逆に一番極端なのは、詐欺以外は全部オーケーというあり方もあり得そうな気がしています。

　詐欺以外は全部オーケーだというのは、ある意味では極端なのかもしれないんですけれども、もしそういう立場をとった場合、どういう法規制のあり方があるか。多分、業規制とか開示規制ではない形になるとは思うんですけれども、ミニマムでこういうものに対して入れるべき規制はどういうものなのか。基本的な発想として、こういうものだけは絶対入れなくてはいけなくて、そこから上はどこまで上乗せするかという問題だと捉えたときの最低限はどういうところになるのか、少し教えていただければと思います。

河村報告者　お答えになっているかどうかわからないんですが、金商法157条、158条が最低限必要なルールだと私は考えています。そういう意味ではなくて、ですか。

神作会長　金融庁の仮想通貨交換業等に関する研究会で、権利性もないし、ユーティリティでもない、何が表章されているのかもわからない、そのようなICOトークンに対してはどのように規制するかが問題になっています。そのようなものは、権利性がないので、そもそも金商法の適用がないからです。研究会では、自主規制とタイアップして、問題がないと業者が判断したもの以外は取り扱ってはならないものとする方向で顧客の利益を保護する方向です。そのほか、ICOトークンに権利が表章されていないようなもの、詐欺的なものが全体にどれぐらいあるか、そのような数字を具体的に出して警告させるとか、無条件の取消権、場合によってはクーリングオフ制度を導入して一定の期間内であれば取消しを認めるということなどが考えられるかもしれません。ユーティリティ型のICOトークンについては、仮想通貨等交換業者に対し、発行者に関する情報、発行者が仮想通貨の保有者に対して負う債務の有無・内容等を顧客に提供する義務を課したり、発行者が作成した事業計画書や事業の進捗等の情報について顧客に提供する義務を課したりするなど、情報提供により対応することが考えられています。金商法が適用されない場合にはとくに、詐欺に該当しない場合であっても、私法的に対応し

ていく部分が大きいと考えられます。

　時間が迫ってまいりましたけれども、ほかにいかがでしょうか。

松尾（直）委員　今の点に関連するんですけれども、どうも海外の人たちは、ユーティリティ型は規制対象にならないと思い込んでいるみたいです。でも、相談を受けるときは、「ユーティリティ型であっても、実質的に権利性があるときは当たりますからね」と申し上げて、そこの区別が難しいところです。研究会のメンバー提出資料に出ていました。全部「ユーティリティ」と称している。「称している」の中には、本当にユーティリティの場合と必ずしもそうでない場合があり得るとは思うんです。詐欺の人は最初から権利性があるとは言わないでしょう。それが実態だと思います。

神作会長　まだ議論が尽きませんけれども、もしよろしければ、そろそろお時間でございますので、本日の研究会の質疑を終了させていただきたいと思います。

　河村先生、大変貴重なご報告、どうもありがとうございました。

　次回の研究会は、お手元の議事次第にございますように、来年1月29日の午後2時から、松尾直彦先生にご報告をいただく予定でおります。会場は、本日と同じく、太陽生命日本橋ビル内の日証協の会議室となります。

　それでは、本日の研究会はこれにて閉会とさせていただきます。

報告者レジュメ

181121 金商法研究会

仮想通貨・ICO に関する法規制・自主規制

立教大学　河村賢治

●本報告を行うにあたり、金融法学会第 35 回大会などでの議論から有益な示唆を得た。関連する拙稿として、河村賢治「ICO 規制に関する一考察」金融法務事情 2095 号（2018 年）44 頁以下（なお同論文 48 頁に「MUM」とありますが、正しくは「MUN」です）。

●仮想通貨については、仮想資産・暗号通貨・暗号資産などの呼称もある。

1. はじめに

1-1

仮想通貨・ICO については様々な議論。金融庁・仮想通貨交換業等に関する研究会第 6 回（平成 30 年 10 月 3 日）資料 3 で示された喫緊の課題は次のとおり。

ア）交換業に係る規制（支払・決済手段、投機対象としての側面）、イ）仮想通貨を原資産・参照指標とするデリバティブ取引に係る規制（投資・リスクヘッジ手段、投機対象としての側面）、ウ）ICO に係る規制（投資・資金調達手段、投機対象としての側面）

1-2

上記はいずれも重要な課題であるが、個人的には下記を達成する上での法規制・自主規制のあり方に関心あり。本報告もこうした関心を中心に構成。

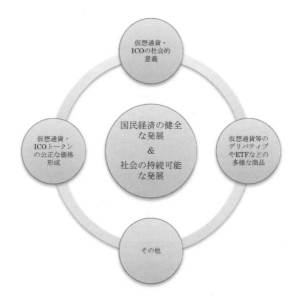

1

２．仮想通貨・ICO の社会的意義と制度整備に関する総論

2-1

例えば、仮想通貨は法定通貨よりもマネロンに容易に利用されるとか、ICO は既存の資金調達手段よりも詐欺に容易に利用されるなどして、これらの不正行為を防ぐ（100％防ぐことは不可能であるにせよ相応のレベルに抑える）ことが不可能なのであれば、国民経済の健全な発展および社会の持続可能な発展の観点からは、禁止してしまうのも一つのあり方（グローバルな活動は一国では止めようがないが）。

2-2

他方で、仮想通貨や ICO に関する不正行為を抑えつつ、その社会的意義（例えば、利便性の高い支払・決済手段となる可能性や、魅力的な投資・資金調達手段となる可能性など。2-2-1 や 2-2-2 参照）を発揮できる制度的な仕組みを構築できる可能性も否定できず、現在は、この方向での制度整備が進められていると理解。大雑把に言えば、利用者保護・マネロン対策（資金決済法・犯罪収益移転防止法）に、投資者保護・公正な価格形成の確保（金融商品取引法ないし金商法的規制。2-2-3 参照）を加えた制度整備。

資金決済法の目的	金融商品取引法の目的
「この法律は、資金決済に関するサービスの適切な実施を確保し、その利用者等を保護するとともに、当該サービスの提供の促進を図るため、前払式支払手段の発行、銀行等以外の者が行う為替取引、仮想通貨の交換等及び銀行等の間で生じた為替取引に係る債権債務の清算について、登録その他の必要な措置を講じ、もって資金決済システムの安全性、効率性及び利便性の向上に資することを目的とする」（資金決済法１条）。	「この法律は、企業内容等の開示の制度を整備するとともに、金融商品取引業を行う者に関し必要な事項を定め、金融商品取引所の適切な運営を確保すること等により、有価証券の発行及び金融商品等の取引等を公正にし、有価証券の流通を円滑にするほか、資本市場の機能の十全な発揮による金融商品等の公正な価格形成等を図り、もって国民経済の健全な発展及び投資者の保護に資することを目的とする」（金商法１条）。

2-2-1

仮想通貨の将来性に関し、雨宮日銀副総裁は、「マネーの機能としては、通常、「価値尺度」、「価値保蔵」、「交換」の３つが挙げられますが、これら全ての根幹となっているのが「信用」です。すなわち、マネーがマネーとして機能できるのは、将来にわたりそれが受け入れられると、皆が信じているためです」と述べた上で、「発行者を持たず、ソブリン通貨単位を用いない暗号資産が、信用と使い勝手を備えたソブリン通貨を凌駕する形で、支払決済に広く使われていく可能性は低いように思います」とされる（雨宮正佳「マネーの将来」日本金融学会 2018 年度秋季大会における特別講演（2018 年 10 月 20 日））。
もっとも、あらゆる国のソブリン通貨の信用が常に高いわけではないし、仮想通貨の価格が安定するなどしていけば、仮想通貨がソブリン通貨を「凌駕」することはないとしても、両者が「競争＆共存」する社

会は十分に予想しうるのではないか（さらに要検討）。

2-2-2
ICO の利用を考えているのは、民間の事業者だけではない。例えば、岡山県西粟倉村は、ICO を実施する計画があることを公表している。

岡山県西粟倉村「人口約 1,500 人の岡山県西粟倉村が行う新たな資金調達 日本初、地方自治体による地方創生 ICO の実施を決定~「地域」を創る仮想通貨、Nishi Awakura Coin (NAC) を発行予定~」（2018 年 6 月 13 日）によると、「西粟倉村トークンエコノミー協会が発行する予定の Nishi Awakura Coin(NAC)は、NAC 保有者に投票権が付

与され、西粟倉村で事業を立ち上げようとするローカルベンチャーに投票することができます。ローカルベンチャーはより魅力的な事業を考案し、NAC 保有者は地域づくりに参加することができます。ローカルベンチャーと NAC 保有者による、挑戦と応援の仕組みを整備することで、仮想通貨が創る経済圏「トークンエコノミー」を循環させていく予定です」とある（上図もこのリリースからの引用）。2018 年 7 月 25 日の日本経済新聞の記事「自治体初の ICO 岡山・西粟倉村、地方創生の財源に」によると、NAC の購入者には投票権や「村内での物品やサービス購入の決済手段としての機能も付与される見通し」であるほか、「NAC を購入する投資家のメリットは、投資した事業の成長に伴う NAC の値上がり益」であるとのことであり、「自主規制ルールなどの制度が整ってから ICO を実施する方針」とのことである。

2-2-3
日本仮想通貨交換業協会は、平成 30 年 10 月 24 日、資金決済法 87 条に規定する仮想通貨交換業に係る認定資金決済事業者協会として、金融庁より認定を受けた。仮想通貨交換業者 16 社が会員。同協会のウェブに掲載されている定款・諸規則は下記のとおりであるが、ICO の取扱いに関する規則は現段階では未制定のようである（同規則案については 3-3-3 参照）。
金融庁・仮想通貨交換業等に関する研究会第 5 回（平成 30 年 9 月 12 日）資料 4 によると、同協会は自主規制を「資金決済法及び犯罪収益移転防止法、事務ガイドライン等の既存の規制に係る自主ルールを策定することに加え、現状の仮想通貨交換業務の実態上、利用者保護の観点から必要と考えられる事項について、金商法及び金商業に関する自主規制規則などを参考に策定」したとのことである。同協会は、資金決済法上の自主規制機関であるが、その自主規制の内容には金商法的規制が数多く含まれているといえる。なお、自主規制の妥当性や実効性を確保する仕組み（リソースを含む）は重要。

> 日本仮想通貨交換業協会のウェブに掲載されている定款・諸規則
>
> 定款、定款の施行に関する規則、仮想通貨関連取引に係る自主規制基本指針、仮想通貨の取扱いに関する規則・ガイドライン、勧誘及び広告等に関する規則・ガイドライン、利用者の管理及び説明に関する規則・ガイドライン、利用者財産の管理に関する規則・ガイドライン、受注管理体制の整備に関する規則・ガイドライン、不適正取引の防止のための取引審査体制の整備に関する規則・ガイドライン、仮想通貨関係情報の管理体制の整備に関する規則・ガイドライン、証拠金取引に関する規則・ガイドライン、マネー・ローンダリング及びテロ資金供与対策に関する規則・ガイドライン、反社会的勢力との関係遮断に関する規則、苦情処理及び紛争解決に関する規則、「苦情処理及び紛争解決に関する規則」に関する細則、会員調査に関する規則、会員における倫理コードの保有及び遵守に関する規則、システムリスク管理に関する規則・ガイドライン、緊急時対応に関する規則・ガイドライン、情報の安全管理に関する規則・ガイドライン、従業員等の服務に関する規則・ガイドライン、会員に対する処分等に係る手続に関する規則、会員に対する処分に関する考え方、不服審査会規則、財務管理に関する規則・ガイドライン、自主規制規則定義集。

2-3

現時点における私見の基本は次のとおり。

仮想通貨やICOトークンの公正な価格形成や取引の透明性を高めるなどの制度整備を進めることができれば、仮想通貨・ICOの社会的意義を高めうるほか、仮想通貨等デリバティブ・ETFなどの商品開発にもつながり、国民経済の健全な発展および持続可能な社会の発展に寄与しうるのではないか（マネロンなどについては国際的な対応が重要）。

現状では、仮想通貨やICOトークンは、支払・決済手段やサービス利用手段などというよりも、投資対象となっている可能性が高いように思われるが（2-3-1参照）、およそどんな金融商品であれ、投資性（とりわけ市場性）を有するのであれば、その取引の公正・円滑および「資本市場の機能の十全な発揮による金融商品等の公正な価格形成等を図り、もつて国民経済の健全な発展及び投資者の保護に資すること」を目的とする金商法による対応がまずは考えられてよい。もとより、必要な規制が確保されるのであれば、金商法以外の規制による対応を一概に否定するものではない（2-3-2参照）。仮想通貨やICOとの関係では、資金決済法や自主規制などとの役割分担などのほか、国際的な規制動向との調和なども検討する必要がある。ただし、今後も新しい投資商品は登場するであろうことを考えると、どんな投資商品であれ詐欺的・市場阻害的な行為に対しては、金融規制当局が迅速に差止申立等の措置を講じ、金商法目的を確保することができるような仕組みになっていることが重要（なお平成30年5月29日のポートフォリオコインに関する差止申立）。

2-3-1

仮想通貨・ICOトークンの取引においては、収益分配の権利があるものだけが投資対象となっているわけではない。典型例はビットコイン。また、収益分配の権利は与えられていないが仮想通貨交換所で取引さ

れる ICO トークンも、転売狙いによる投資対象となりうる（このような ICO トークンであっても、発行者は資金調達目的を果たしうる）。

これに対し、法定通貨の価値との連動を謳うステーブルコインは投資性がないといってよいのか。

ステーブルコインの代表例が、米ドル（USD）との連動を謳うテザー（USDT）。テザー社いわく「Every tether is always backed 1-to-1, by traditional currency held in our reserves. So 1 USD□ is always equivalent to 1 USD」であり、「Our reserve holdings are published daily and subject to frequent professional audits. All tethers in circulation always match our reserves」。

もっとも、①1 テザーは概ね 1 米ドルあたりで価格推移しているとはいえ、価格変動がないわけではない（右図のテザーのチャートは CoinMarketCap より）、②発行しているテザー分の米ドルをテザー社が本当に保有しているのか疑う声もある、③テザーがビットコインの価格操作に使われているのではないか疑う声もある。例えば、2018 年 6 月に公表された Griffin 教授らの論文「Is Bitcoin Really Un-Tethered?」によると、「we find that purchases with Tether are timed following market downturns and result in sizable increases in Bitcoin prices」であり、「Tether seems to be used both to stabilize and manipulate Bitcoin prices」であるという。

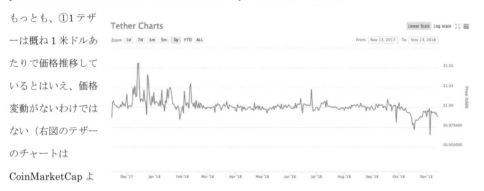

ステーブルコインに対する規制のあり方についてはなお考えてみたいが、少なくとも、法定通貨の価値との連動を確保する仕組みの透明性は確保される必要がある（なお、金融庁「コメントの概要及びそれに対する金融庁の考え方」（平成 29 年 3 月 24 日）34 頁によると、「仮想通貨の発行者及び発行者から委託を受けた者が、発行済みの仮想通貨の全てについて法定通貨による買取りを保証する場合、通貨建資産に該当する可能性があると考えられます。なお、仮に通貨建資産に該当した場合は、仮想通貨交換業に係る規制の適用を受けることはありません」とされている。）。

2-3-2

例えば、フランスのように（拙稿及び金融庁・仮想通貨交換業等に関する研究会第 8 回（平成 30 年 11 月 1 日）資料 3 参照）、ICO を対象とした特別法を作るという提案もあるかもしれないが、ICO 法の対象とならない投資商品は今後も出てくるであろうことを考えると、基本法としての金商法が受け皿として十分なものになっているか検討することは引き続き重要。また、例えば ICO 法においてトークンの公正な価格形成を確保する規制を導入するのだとしても、ICO 法の対象とならない仮想通貨の公正な価格形成を確保す

る仕組みも検討すべき課題。

なお、後述（3-3-2等参照）するように、日本のICOは仮想通貨交換業者にトークンの販売等を委託する方式のものがメインルートになる可能性があるように思われ、当面はこの方向での制度整備を進めていくことが考えられるのではないか。

2-4

よく聞かれるのが、規制強化ないし過剰規制によってイノベーションを阻害すべきではないとの声。

確かに、規制には副作用がありうることに留意する必要はあるし、規制の重複等があれば調整する必要もあるが、基本的な考え方としては、「History also has proved that transparency, investor protection and market integrity are critical to ensuring that innovation continues」（SEC委員長とCFTC委員長が2018年1月24日にWSJに共同寄稿したオピニオン「Regulators Are Looking at Cryptocurrency」より）。透明性を高め、投資者を欺くような行為を排除し、市場の公正さに対する人々の信頼を確保するような規制（こうした観点から首尾一貫した規制を提供できる制度）であれば、悪貨が良貨（or良貨が生み出される可能性）を駆逐しないような環境を作り出すことができ、むしろイノベーションの促進につながるのではないか。また、現在の金商法においても様々な工夫がされているように、仮想通貨やICOについても、例えばプロ・アマの規制区分や法規制・自主規制の役割分担などを考えることはできるし、近時では規制のサンドボックス制度の利用も可能となっている（海外では規制のサンドボックス制度を利用してICOを実施した事例あり）。

2-5

日米の証券・商品規制を比較してみると、アメリカは包括規定（investment contract・commodity・rule 10b-5・regulation 180.1など）をフル活用して、新しい投資商品に迅速に対応しており、少なくとも現時点のSECやCFTCは、一般投資者相手の詐欺的行為を徹底的に抑え込み、悪貨が良貨（or良貨が生み出される可能性）を駆逐しないように法執行をしているように見える（2-5-1から2-5-3参照）。日本が包括規定活用型へ移行することについては賛否両論ありうるが、現在の法規制について検討すべき点は多々あるように思われる。以下では、ICO、公正な価格形成、デリバティブについて取り上げる。

2-5-1

アメリカ（ここではSECとCFTCのみ取り上げる）の概要は以下のとおり。

SEC	CFTC
○証券（投資契約を含む）。	○商品（デリバティブ）。
○①仮想通貨一般についてその証券該当性を否定するSECの公式見解	○ビットコインなどの仮想通貨は商品に該

6

はないと思われるが、SEC 企業金融局長の見解によればビットコインや（現時点での）イーサは証券ではないと考えられている（一部の投資家がリップル（XRP）は証券に該当するとして提訴）。②ICO トークンについては（自称ユーティリティ・トークンであっても）証券該当性が認められた事案がある。要するに、名称や技術が何であれ、証券規制の観点から重要なのは、それが証券（投資契約）に該当するか否か。 ○Howey テスト：①金銭の出資、②共同事業、③利益に対する期待、④他人の努力（③と④を合わせて一つの要件と整理するものもある）。 ○証券に該当するとしても登録免除制度の利用は可（米国の認定投資家（accredited investor）は日本の適格機関投資家よりも広い概念。例えば、直近 2 年の年収 20 万ドル超または配偶者と合算して年収 30 万ドル超の個人で当該年度も同レベルの年収を合理的に期待できるものを含む）。 ○ビットコイン ETF（例えば VanEck SolidX Bitcoin Trust）が認められるか否かに関心が集まっている。 例えば、 ＊Shavers：ポンジスキーム。BTC による出資。「金銭」。 ＊The DAO：ICO。自称「自律分散型組織」の投資ファンド。 ＊Munchee：ICO。レストラン広告・評価アプリ。MUN（MUM）は自称「ユーティリティ・トークン」。 ＊REcoin/DRC（Zaslavskiy）：詐欺的 ICO の一例。 ＊EtherDelta：ICO トークンの取引プラットフォーム。 ＊その他（SEC の Cyber Enforcement Actions に多数掲載。TokenLot などのケースも取り上げるべきだと思うが省略。SEC が投資教育用に作成した Howeycoins.com も興味深い）。	当するとの解釈。商品の①現物市場（spot markets）と、②デリバティブ市場（derivatives markets）のうち、CFTC は②について規制権限を有しているが、①についても詐欺や相場操縦という限られた範囲で CFTC は法執行を行うことが可能（SEC も CFTC も仮想通貨に関するポンジスキームを摘発）。例えば、BTC 現物市場の価格を操作することにより BTC 先物市場で利益を得るという不正行為のおそれ。 ○2017 年 12 月に Cboe 先物取引所と CME にビットコイン先物上場。 ○デリバティブ取引がまだ行われていない仮想通貨（ICO トークン？）であっても商品に該当するとして法執行を実施。 ①に関する例として、 ＊Gelfman：ポンジスキーム。HFT。 ＊My Big Coin：MBC 発行（ICO？）。MBC を原資産とする先物取引はない。 ＊その他（McDonnell などのケースも取り上げるべきだと思うが省略）。

2-5-2 上記表のうち SEC 関連の補足

＊Shavers：2013 年 7 月、SEC が Trendon T. Shavers らに対し民事訴訟を提起。SEC の主張によれば、Shavers は同人が運営する Bitcoin Savings and Trust（BTCST）によるビットコインのアービトラージ取引により最大で週 7％の利益が得られることなどを謳って投資者から少なくとも 700,000 ビットコインを調達したが、実際はポンジスキームであり、Shavers の当該行為は証券の登録規定違反（1933 年証券法 5 条(a)、5 条(c)）および詐欺禁止規定違反（1933 年証券法 17 条(a)、1934 年証券取引所法 10 条(b)、同法

規則 10b-5）に該当すると主張。これに対し、Shavers は、ビットコインは金銭（money）ではないので BTCST への投資は証券には該当しないなどと主張。2013 年 8 月、Amos L. Mazzant 判事は、Howey 判決などを引用し、投資契約とは「any contract, transaction, or scheme involving (1) an investment of money, (2) in a common enterprise, (3) with the expectation that profits will be derived from the efforts of the promoter or a third party」をいうところ、(1)について、「It is clear that Bitcoin can be used as money. It can be used to purchase goods or services, and as Shavers stated, used to pay for individual living expenses. The only limitation of Bitcoin is that it is limited to those places that accept it as currency. However, it can also be exchanged for conventional currencies, such as the U.S. dollar, Euro, Yen, and Yuan. Therefore, Bitcoin is a currency or form of money, and investors wishing to invest in BTCST provided an investment of money」と述べてこれを肯定。(2)(3)も肯定し、「Therefore, the Court finds that the BTCST investments meet the definition of investment contract, and as such, are securities」と結論。この判断を踏まえ、2014 年 9 月、連邦地裁は、Shavers らに対し、違反行為の禁止、不当利益の吐出し、民事制裁金などを命じた。

＊The DAO：2016 年 4 月から 5 月にかけて、The DAO（Slock.it 社および同社の共同創業者らにより創設）がイーサを対価として DAO トークンを発行する ICO を実施（約 1 億 5 千万ドル相当のイーサを調達）。DAO トークンの保有者は The DAO におけるプロジェクトから生じる収益に与ることができるほか、プロジェクト（管理人（Curators）による審査あり）を選ぶ投票権もあり。DAO トークンの流通市場もあり。2016 年 6 月、外部攻撃により The DAO から約 3 分の 1 のイーサ流出。2017 年 7 月、SEC が DAO トークンの証券（投資契約）該当性について検討した報告書を公表。当該報告書によれば、①証券法 2 条(a)(1)および証券取引所法 3 条(a)(10)に基づき、証券には投資契約が含まれるところ、Howey 判決などを引用して、「An investment contract is an investment of money in a common enterprise with a reasonable expectation of profits to be derived from the entrepreneurial or managerial efforts of others」と指摘した上で；②「Investors in The DAO Invested Money」の点については、過去の判決や前述した Shavers などを引用して、「金銭（money）」は「現金（cash）」に限らず、「[T]he 'investment' may take the form of 'goods and services,' or some other 'exchange of value'」であるとして、イーサを利用した The DAO への投資も「Such investment is the type of contribution of value that can create an investment contract under Howey」としてこれを肯定；③「With a Reasonable Expectation of Profits」の点については、「"[P]rofits" include "dividends, other periodic payments, or the increased value of the investment."」と述べた過去の判決を引用した上で、The DAO においても「a reasonable investor would have been motivated, at least in part, by the prospect of profits on their investment of ETH in The DAO」としてこれを肯定；④「Derived from the Managerial Efforts of Others」の点については、「The Efforts of Slock.it, Slock.it's Co-Founders, and The DAO's Curators Were Essential to the Enterprise」および「DAO Token

Holders' Voting Rights Were Limited」としてこれを肯定；⑤以上の検討の結果「Because DAO Tokens were securities, The DAO was required to register the offer and sale of DAO Tokens, unless a valid exemption from such registration applied」と結論付けた；⑥さらに「A system that meets the criteria of Rule 3b-16(a), and is not excluded under Rule 3b-16(b), must register as a national securities exchange pursuant to Sections 5 and 6 of the Exchange Act or operate pursuant to an appropriate exemption」であるところ、「The Platforms that traded DAO Tokens appear to have satisfied the criteria of Rule 3b-16(a) and do not appear to have been excluded from Rule 3b-16(b)」とも指摘。

* Munchee：2017 年 11 月、SEC が Munchee 社の ICO に対し行政手続に基づく停止命令（登録規定違反。Munchee 社は ICO を停止し投資者に資金を返還するなどしたため SEC は制裁金を課さず）。SEC によると、iPhone 用のレストランレビューアプリを開発していた Munchee 社は、2017 年 10 月、イーサなどを対価として MUN トークン（MUN）を発行し ICO を行うことを公表。同社は、調達した資金でアプリを改良し、「recruit users to eventually buy advertisements, write reviews, sell food and conduct other transactions using MUN」ことを計画。「MUN token did not promise investors any dividend or other periodic payment」であるが、同社は「In connection with the offering, Munchee described the way in which MUN tokens would increase in value as a result of Munchee's efforts and stated that MUN tokens would be traded on secondary markets」であることを謳って勧誘を実施。同社はそのホワイトペーパーにおいて「the sale of MUN utility tokens does not pose a significant risk of implicating federal securities laws」と主張。これに対し、SEC は、「the company and other promoters emphasized that investors could expect that efforts by the company and others would lead to an increase in value of the tokens. The company also emphasized it would take steps to create and support a secondary market for the tokens. Because of these and other company activities, investors would have had a reasonable belief that their investment in tokens could generate a return on their investment」（この部分は SEC のプレスリリースによる本件命令の要約が分かりやすいのでこれを引用している）などとして、MUN トークンは証券（投資契約）であったにもかかわらず登録がされていないと判断。なお、SEC は、「Determining whether a transaction involves a security does not turn on labelling – such as characterizing an ICO as involving a "utility token" – but instead requires an assessment of "the economic realities underlying a transaction."」と念押し。

* REcoin/DRC (Zaslavskiy)：2017 年 9 月、SEC が Maksim Zaslavskiy らに対し民事訴訟を提起。SEC の主張によれば、Zaslavskiy は 2017 年 7 月より REcoin 社および DRC（Diamond Reserve Club）社を通じて ICOs（DRC については自称「IMO：Initial Membership Offering」）を実施するが、いずれも証券登録規定および詐欺禁止規定違反。その後、本件については刑事裁判が開始。Zaslavskiy は REcoin や

DRC で勧誘の対象となった仮想通貨は証券（投資契約）に該当しないなどと主張して訴えを却下するよう申立て。2018 年 9 月、この刑事裁判において、Raymond J. Dearie 判事は、Howey 判決などを引用して、投資契約とは「contract, transaction, or scheme whereby a person [1] invests his money [2] in a common enterprise and [3] is led to expect profits solely from the effort of the promoter or third party」であるとした上で、①「(1) First, a reasonable jury could conclude that, if proven at trial, the facts alleged in the Indictment demonstrate that individuals invested money (and other forms of payment) in order to participate in Zaslavskiy's schemes」、②「(2) Second, the Indictment alleges facts that, if proven at trial, would allow a reasonable jury to find that both REcoin and Diamond constituted a "common enterprise."」(In this Circuit, "horizontal commonality" is sufficient to establish a common enterprise)、③「(3) Third, and finally, the facts alleged, if proven, would enable a jury to conclude that investors were led to expect profits in REcoin and Diamond to be derived solely from the managerial efforts of Zaslavaskiy and his co-conspirators, not any efforts of the investors themselves」と認定し、④「For these reasons, we find that the allegations in the Indictment, if proven, would permit a reasonable jury to conclude that Zaslavskiy promoted investment contracts (i.e. securities), through the REcoin and Diamond schemes」と述べ、⑤結論として「Zasvlavskiy's motion is denied. The case will proceed to trial」と判示。

＊EtherDelta：「Washington D.C., Nov. 8, 2018 — The Securities and Exchange Commission today announced settled charges against Zachary Coburn, the founder of EtherDelta, a digital "token" trading platform. This is the SEC's first enforcement action based on findings that such a platform operated as an unregistered national securities exchange. According to the SEC's order, EtherDelta is an online platform for secondary market trading of ERC20 tokens, a type of blockchain-based token commonly issued in Initial Coin Offerings (ICOs). The order found that Coburn caused EtherDelta to operate as an unregistered national securities exchange」。

2-5-3　上記表のうち CFTC 関連の補足（仮想通貨デリバティブの話は後述する）
＊Gelfman：2017 年 9 月、CFTC が Nicholas Gelfman らに対し民事訴訟を提起。CFTC の主張によれば、Gelfman らは、2014 年 1 月から 2016 年 1 月にかけて、高頻度アルゴリズム取引戦略を利用してビットコイン取引を行うとして少なくとも 80 名の顧客から 60 万ドルを集めたが、実際はポンジスキーム；CFTC は、ビットコインなどの仮想通貨は商品取引所法の商品に該当するという従来からの立場を前提として、Gelfman らの当該行為は商品取引所法の詐欺禁止規定（商品取引所法 6 条(c)(1)および規制 180.1（a))に該当すると主張。2018 年 10 月、連邦地裁は、「Virtual currencies such as Bitcoin are encompassed in the definition of "commodity" under Section 1a(9) of the Act, 7 U.S.C. § 1a(9)」であり、「7 U.S.C. § 9(1) and

17 C.F.R. § 180.1 (a) make it unlawful for any person, in connection with contracts of sale of any commodity in interstate commerce, including virtual currencies such as Bitcoin, to intentionally or recklessly: (1) use or employ, or attempt to use or employ, any manipulative device, scheme, or artifice to defraud; (2) make, or attempt to make, any untrue or misleading statement of a material fact or to omit to state a material fact necessary in order to make the statements made not untrue or misleading; or (3) engage, or attempt to engage, in any act, practice, or course of business, which operates or would operate as a fraud or deceit upon any person」（7 U.S.C. § 9(1)＝商品取引所法 6 条(c)(1)）と述べた上で、Gelfman らの行為は当該詐欺禁止規定に違反すると認定し、違反行為の禁止、原状回復、民事制裁金などを命じた。

＊My Big Coin：2018 年 1 月、CFTC は My Big Coin 社らに対し民事訴訟を提起。CFTC の主張によれば、被告らは My Big Coin（MBC）という名の仮想通貨が価値あるものとして取引されているように見せかけ 2014 年 1 月から 2017 年 6 月にかけて少なくとも 28 人から約 600 万ドルを集めたが（論者によってはこれを ICO として解説するものもあるが実際のところは不明）、被告らの当該行為は詐欺禁止規定に違反すると主張。これに対し、被告らは、MBC は商品取引所法における商品ではないなどと主張して訴えを却下するよう申立て。2018 年 9 月、連邦地裁（Rya W. Zobel 判事）は次のように判示（下記の①②は前提。被告は③を主張、原告である CFTC は④を主張。裁判所は⑤において CFTC と同様に「カテゴリー」論に立ち被告の主張を退けた。なお⑤で引用されているように仮想通貨が商品取引法上の商品であることを前提とした CFTC の法執行は 2015 年から存在。CEA＝商品取引所法）。

① 「As noted above, plaintiff alleges violations of CEA Section 6(c)(1) and CFTC regulation 180.1(a). Both provisions apply to the fraud alleged in this case if the conduct involved a "commodity" under the CEA. … Therefore, to state a viable claim, plaintiff must adequately plead that My Big Coin is a commodity.」

② 「"Commodity" is a defined term in the CEA. … It includes a host of specifically enumerated agricultural products as well as "all other goods and articles ... and all services rights and interests ... in which contracts for future delivery are presently or in the future dealt in."」

③ 「Defendants contend that because "contracts for future delivery" are indisputably not "dealt in" My Big Coin, it cannot be a commodity under the CEA. They take the position that in order to satisfy the CEA's "commodity" definition, the specific item in question must itself underlie a futures contract.」

④ 「Plaintiff responds that "a 'commodity' for purposes of [the CEA definition] is broader than any particular type or brand of that commodity." … Pointing to the existence of Bitcoin futures contracts, it argues that contracts for future delivery of virtual currencies are "dealt in" and that My Big Coin, as a virtual currency, is therefore a commodity.」

11

⑤裁判所としては、「The text of the statute supports plaintiff's argument. The Act defines "commodity" generally and categorically, "not by type, grade, quality, brand, producer, manufacturer, or form." … Thus, as plaintiff urges, Congress' approach to defining "commodity" signals an intent that courts focus on categories—not specific items—when determining whether the "dealt in" requirement is met. This broad approach also accords with Congress's goal of "strengthening the federal regulation of the … commodity futures trading industry,"…, since an expansive definition of "commodity" reasonably assures that the CEA's regulatory scheme and enforcement provisions will comprehensively protect and police the markets. … As the Supreme Court has instructed in an analogous context, such statutes are to be "construed 'not technically and restrictively, but flexibly to effectuate [their] remedial purposes."… Finally, the scant case law on this issue also supports plaintiff's approach. … Taken together, these decisions align with plaintiff's argument that the CEA only requires the existence of futures trading within a certain class…in order for all items within that class…to be considered commodities. Here, the amended complaint alleges that My Big Coin is a virtual currency and it is undisputed that there is futures trading in virtual currencies (specifically involving Bitcoin). That is sufficient, especially at the pleading stage, for plaintiff to allege that My Big Coin is a "commodity" under the Act. See CFTC v. McDonnell, 287 F. Supp. 3d 213, 228 (E.D.N.Y. 2018) ("Virtual currencies can be regulated by CFTC as a commodity."); In re BFXNA Inc., CFTC Docket 16-19, at 5-6 (June 2, 2016) ("[V]irtual currencies are encompassed in the [CEA] definition and properly defined as commodities."); In re Coinflip, Inc., CFTC Docket No. 15-29, at 3 (Sept. 17, 2015) (same).」。最終的な結論として、「Defendants' motion to dismiss … is denied.」と判示。

3 ICOについて

3-1

ICOに関する金融庁の考えの概要は次のとおり。

金融庁の基本的な考え方	
「ICOにおいて発行される一定のトークンは資金決済法上の仮想通貨に該当し、その交換等を業として行う事業者は内閣総理大臣(各財務局)への登録が必要になります。また、ICOが投資としての性格を持つ場合、仮想通貨による購入であっても、実質的に法定通貨での購入と同視されるスキームについては、金融商品取引法の規制対象となると考えられます」(金融庁「ICO(Initial Coin Offering)について～利用者及び事業者に対する注意喚起～」(2017年10月27日))。	

仮想通貨	集団投資スキーム持分
仮想通貨の定義規定	集団投資スキーム持分の定義規定
「5　この法律において「仮想通貨」とは、次に掲げるものをいう。 一　物品を購入し、若しくは借り受け、又は役務の提供を受ける場合に、これらの代価の弁済のために不特定の者に対して使用することができ、かつ、不特定の者を相手方として購入及び売却を行うことができる財産的価値(電子機器その他の物に電子的方法により記録されているものに限り、本邦通貨及び外国通貨並びに通貨建資産を除く。次号において同じ。)であって、電子情報処理組織を用いて移転することができるもの 二　不特定の者を相手方として前号に掲げるものと相互に交換を行うことができる財産的価値であって、電子情報処理組織を用いて移転することができるもの」(資金決済法2条5項)	「五　民法…第六百六十七条第一項に規定する組合契約、商法…第五百三十五条に規定する匿名組合契約、投資事業有限責任組合契約に関する法律…第三条第一項に規定する投資事業有限責任組合契約又は有限責任事業組合契約に関する法律…第三条第一項に規定する有限責任事業組合契約に基づく権利、社団法人の社員権その他の権利(外国の法令に基づくものを除く。)のうち、当該権利を有する者(以下この号において「出資者」という。)が出資又は拠出をした金銭(これに類するものとして政令で定めるものを含む。)を充てて行う事業(以下この号において「出資対象事業」という。)から生ずる収益の配当又は当該出資対象事業に係る財産の分配を受けることができる権利であつて、次のいずれにも該当しないもの(前項各号に掲げる有価証券に表示される権利及びこの項(この号を除く。)の規定により有価証券とみなされる権利を除く。) イ　出資者の全員が出資対象事業に関与する場合として政令で定める場合における当該出資者の権利 …」(金商法2条2項5号)。
仮想通貨該当性に関する金融庁担当者の説明	集団投資スキーム持分該当性に関する金融庁担当者の説明
「ICOにおいて発行されるトークンが二次流通をする場合。具体的には以下①または②を満たす場合、トークン自体も資金決済法上の仮想通貨に該当するというふうに考	「ICOにおいて発行されるトークンが収益分配型であって、以下①または②を満たす場合、トークンは金融商品取

13

えられるところでございます。①は、不特定の者に対して代価の弁済に使用でき、かつ不特定な者を相手に法定通貨と相互に交換できること。②は、不特定の者を相手に仮想通貨と相互に交換できることでございます」（金融庁・仮想通貨交換業等に関する研究会第1回（平成30年4月10日）議事録）。	引法上の集団投資スキーム持分に該当するものと考えられます。①法定通貨で購入されること。または②仮想通貨で購入されるが、実質的には法定通貨で購入されるものと同視されることでございます」（金融庁・仮想通貨交換業等に関する研究会第1回（平成30年4月10日）議事録）。
仮想通貨に該当する場合	集団投資スキーム持分に該当する場合
「仮想通貨に該当するトークンの売買又は他の仮想通貨との交換等を業として行うことは、仮想通貨交換業に該当し、資金決済法上の規制の対象となる」（金融庁・仮想通貨交換業等に関する研究会第8回（平成30年11月1日）資料3）。	「集団投資スキーム持分に該当するトークンについては、例えば、その自己募集を業として行うことは、第二種金融商品取引業に該当し、以下のような規制の対象となる。①登録義務(財務要件、人的構成要件など)が課される　②行為規制(広告規制、虚偽告知等の禁止、適合性の原則など)が課される　③当局による報告徴求、検査、業務改善命令等の対象となる」（金融庁・仮想通貨交換業等に関する研究会第8回（平成30年11月1日）資料3）。

金融庁・事務ガイドライン第3分冊 16 仮想通貨交換業者関係

I-1-1 … ① 法第2条第5項第1号に規定する仮想通貨(以下「1号仮想通貨」という。)の該当性に関して、「代価の弁済のために不特定の者に対して使用することができる」ことを判断するに当たり、例えば、「発行者と店舗等との間の契約等により、代価の弁済のために仮想通貨を使用可能な店舗等が限定されていないか」、「発行者が使用可能な店舗等を管理していないか」等について、申請者から詳細な説明を求めることとする。

② 1号仮想通貨の該当性に関して、「不特定の者を相手方として購入及び売却を行うことができる」ことを判断するに当たり、例えば、「発行者による制限なく、本邦通貨又は外国通貨との交換を行うことができるか」、「本邦通貨又は外国通貨との交換市場が存在するか」等について、申請者から詳細な説明を求めることとする。

　(注) 前払式支払手段発行者が発行するいわゆる「プリペイドカード」や、ポイント・サービス(財・サービスの販売金額の一定割合に応じてポイントを発行するサービスや、来場や利用ごとに一定額のポイントを発行するサービス等)における「ポイント」は、これらの発行者と店舗等との関係では上記①又は②を満たさず、仮想通貨には該当しない。

③ 法第2条第5項第2号に規定する仮想通貨の該当性に関して、「不特定の者を相手方として前号に掲げるものと相互に交換を行うことができる」ことを判断するに当たり、例えば、「発行者による制限なく、1号仮想通貨との交換を行うことができるか」、「1号仮想通貨との交換市場が存在するか」等について、申請者から詳細な説明を求めることとする。

I-1-2 … (注1) 法第2条第7項に規定する「業として行うこと」とは、「対公衆性」のある行為で「反復継続性」をもって行うことをいうものと解される…。なお、「対公衆性」や「反復継続性」については、現実に「対公衆性」のある行

為が反復継続して行われている場合のみならず、「対公衆性」や「反復継続性」が想定されている場合等も含まれる点に留意する。

金融庁・仮想通貨交換業等に関する研究会第8回（平成30年11月1日）資料3の9頁以降の概要（以下は当該資料を個人的に要約したものすぎないことに留意されたい）。

	投資対象・販売先	取扱者・販売者	流通の場の提供者	事業・財務の精査等	発行価格の設定	発行開示等	不公正取引規制等	継続開示等
株式IPO募集	株式 一般投資家	幹事証券会社	取引所 証券会社	引受審査・取引所審査・監査	主幹事による仮条件、ブックビル	有価証券届出書 目論見書	不正行為禁止・風説流布等禁止・相場操縦禁止・内部者取引規制	有価証券報告書等適時開示
プロ市場 特定投資家 私募	株式 特定投資家	J-Adviser	取引所 証券会社	J-Ad審査・取引所審査・監査	発行者による評価額算定書	特定証券情報の公表	相場操縦禁止・内部者取引規制	発行者情報の公表 適時開示
株式投資型CF	株式 一般投資家 50万/1億円	CF仲介業者	証券会社	CF仲介業者	CF仲介業者による目標額審査	CF仲介業者による重要事項公表	不正行為禁止・風説流布等禁止	発行者による定期的な情報提供
CIS募集	収益分配権 持分 一般投資家	発行者自身 or販売業者	通常流通しない	－	－	契約締結前交付書面 （証券投資型は開示規制あり）		原則なし （証券投資型は開示規制あり）
投資性ICO	収益分配権 表章トークン 一般投資家	発行者自身 orICOプラットフォーム	ICOプラットフォーム or交換所	規律なし 仮想通貨に該当すれば自主規制案	規律なし 発行者が独自決定	規律なし 通常はホワイトペーパー	規律なし	規律なし
検討対象	－	販売勧誘や自己募集に関する業規制の必要性とその内容（自主規制の役割等）	誰がふさわしいか	審査を行う第三者の必要性と審査の内容	公正な条件決定のための対応の必要性とその内容	情報提供のための対応の必要性とその内容	取引の公正確保等のための対応の必要性とその内容（なおアマへの販売抑止）	情報提供のための対応の必要性とその内容

15

3-2

ICOのトークンには様々なものがあり（例えば、拙稿や金融庁の上記研究会で紹介されているスイス金融市場監督機構（FINMA）のICOガイドラインによれば、ペイメントトークン、ユーティリティトークン、アセットトークン。それぞれの性質を併せ持つハイブリッド・トークンもありうる）、その性質に応じて適切な規制を適用するというのが基本的な考え方。とりわけ投資性のあるICOトークンの規制のあり方が議論（なお収益分配の権利がなくても流通市場があることで投資者が転売狙いでICOトークンを購入することはあり、その結果として発行者の資金調達が可能になるのであれば金融の機能を果たしうることになる）。

3-3　ICOトークンの仮想通貨該当性

3-3-1

日本仮想通貨事業者協会（現・日本仮想通貨ビジネス協会）は、「イニシャル・コイン・オファリングへの対応について」（平成29年12月8日）において、「トークンの発行時点において、将来の国内又は海外の取引所への上場可能性を明示又は黙示に示唆している場合はもちろん、そのような示唆が存在しない場合であっても、発行者が、本邦通貨又は外国通貨との交換及び1号仮想通貨との交換を、トークンの技術的な設計等において、実質的に制限していないと認められる場合においては、仮想通貨に該当する可能性が高いため、仮想通貨に該当しないとする個別具体的な合理的事情がない限り、原則として、トークン発行時点において、資金決済法上の仮想通貨に該当するものとして取り扱うことが適当と考えられる」との見解を明らかにしているが、妥当であると思う。そのようなトークンは仮想通貨としての性質を内包しており、当該トークンの購入者は仮想通貨交換所で取引できるようになることを重視ないし期待していることが多いと思われ、そうであれば、当該トークン発行時点から仮想通貨の利用者保護規制等を定めた資金決済法を適用することが適切であると考えられるからである（現在の資金決済法の規制が十分であるといっているわけではない。念のため）。

また、かかるトークンの発行者は、トークンという仮想通貨を組成して、その販売・交換を行うというビジネスをしていると理解できることから、当該行為は資金決済法2条7項1号により仮想通貨交換業に該当すると考えられる。

おそらく、金融庁も同じような考え方ではないか？

資金決済法2条7項1号・2号・3号

7　この法律において「仮想通貨交換業」とは、次に掲げる行為のいずれかを業として行うことをいい、「仮想通貨の交換等」とは、第一号及び第二号に掲げる行為をいう。

一　仮想通貨の売買又は他の仮想通貨との交換

二　前号に掲げる行為の媒介、取次ぎ又は代理
三　その行う前二号に掲げる行為に関して、利用者の金銭又は仮想通貨の管理をすること。

3-3-2

3-3-1を前提とすると、

①（仮想通貨である）ICOトークンの発行者は、(a)仮想通貨交換業者として登録するか、(b)仮想通貨交換業者に販売・交換を委託することが必要となる（という理解で正しいか）。

②現状では①(a)も①(b)も難しいので、日本におけるICOは事実上困難となっている（という理解で正しいか）。

③しかし、日本仮想通貨交換業協会がICOに関する自主規制案を公表するなどの動きがあり、今後は①(b)が日本におけるICOのメインルートになる可能性が高いのではないか。

④ICOに関する自主規制案の内容（審査・情報開示・安全確保・調達資金・販売確保。3-3-3参照）は、金融庁の問題意識（3-1の最後の表中における「検討対象」参照）を概ねカバーしているように見える。

⑤国際的な規制動向も見据えながら現時点で制度設計するのであれば、法律で細部を固めすぎるよりも法律に裏付けられた自主規制を活用するという方向性は理解できる。

⑥もっとも、自主規制の内容・執行の妥当性や自主規制の実効性をいかに確保するか、自主規制だけで足りるか、自主規制の対象外となってしまう者の行為をどう規律するかなどは、重要な課題となる（3-3-4参照）。

3-3-3

日本仮想通貨交換業協会のICOの取扱いに関する規則案は次のとおり（金融庁・仮想通貨交換業等に関する研究会第5回（平成30年9月12日）資料4より。同協会は平成30年10月24日に認定自主規制機関となったが、ICOの取扱いに関する規則案は現段階では規則になっていない模様）。

ICOの取扱いに関する規則
会員が、以下の行為を行う場合に関する自主規制を検討。 　(1)会員が、自ら資金決済法に定める仮想通貨を発行し、利用者に対して当該仮想通貨を販売する行為又は他の仮想通貨との交換を行う行為 　(2)会員が、会員以外の第三者が発行する仮想通貨について、当該第三者の依頼に基づき販売又は他の仮想通貨との交換を行う行為 例えば、下記のような項目の自主規制規則化を検討 　審　　査：対象事業の適格性、実現可能性及び実現可能性を審査

> 情報開示 ：販売開始時、販売終了時点、販売終了後の継続的な情報提供
> 安全確保 ：自社仮想通貨に利用するブロックチェーン及びスマートコントラクト、当該仮想通貨を保管するするウォレット等の安全性を検証
> 調達資金 ：利用者に情報開示した資金使途以外の用途に調達資金を使用することの禁止
> 販売価格 ：販売業務を行うに際し必要に応じて投資需要の調査を行う等の合理的に算出しうる方法を用いて、販売価格の範囲等の妥当性を審査

3-3-4

例えば、

①審査等に関する自主規制が定められたとしても、仮想通貨交換業者ごとに審査等の質に違いが生じうる可能性がある。同協会による調査・処分等が適切に行われるか。一定水準の質を確保するための仕組みとして自主規制だけで足りるか。

②ホワイトペーパーに記載すべき内容は国際的動向も踏まえながら自主規制機関が定めるが、その虚偽記載等に対する刑事罰・課徴金・民事責任などの規定は法律が用意するという制度はどうか。

③プロ・アマの規制区分やプロ向け市場のようなものは設けないのか（ちなみに同協会の「勧誘及び広告等に関する規則ガイドライン」には、「例えば他の交換事業者や資産運用の専門機関などいわゆるプロ相手の取引など、相手方が仮想通貨関連取引に関する専門的な知識を十分に有しているような場合には、適合性基準の適用を緩和あるいは適用外とすることなどの措置を講ずることは、利用者保護に反しない限り許容され得るものと考えます」とある）。

④同協会の自主規制の対象となっていない者による風説の流布等に対応すべく、金商法157条・158条のような法規制を設けるべきではないか。

⑤その他。

3-4 ICOトークンの集団投資スキーム持分該当性

3-4-1

（そもそも流動性が低いことを念頭において作られた集団投資スキーム持分規制が仮想通貨交換所で取引されるICOトークンの規制として十分かという問題はある）

ICOトークンは、「出資対象事業…から生ずる収益の配当又は当該出資対象事業に係る財産の分配を受けることができる権利」を与えない形で設計されるものが多いようであり、これが一つ目のハードル。

ICOの多くは、イーサなどの仮想通貨で払込みが行われているため、「出資又は拠出をした金銭（これに類するものとして政令で定めるものを含む。）」（金銭類似物として指定されているのは有価証券・為替手形・約束手形・金銭取得の競走用馬。金商法2条2項5号・金商法施行令1条の3・定義府令5条）に該当しないのではないかというのが、二つ目のハードル。

金融庁担当者の説明によれば、「集団投資スキーム持分の定義の中の金銭出資、そしてその金銭と同視されるものとして政令で規定されているものの中に、神作先生ご指摘のとおり、仮想通貨というのは入っておりません」という理解を前提とした上で、「仮想通貨という形をとるものの、法定通貨がそのまま仮想通貨になり、仮想通貨が隠れみのように使われて、出資するといったような形になっているものについては…法定通貨で購入された場合と同視され得るケースがある」と整理されている（金融庁・仮想通貨交換業等に関する研究会第1回（平成30年4月10日）議事録）。

3-4-2
実質を重視する上記解釈論が示されたことは支持できるが、例えば、次のケースをどう考えるか（岩下直行・上原高志・沖田貴史・佐々木清隆・岩倉正和「座談会　仮想通貨・ICOをめぐる法規制」Law & Technology 80号（2018年）23頁の事例④）。

> L&T社では、投資家と匿名組合契約を締結したうえで、世界中から資金を調達するため、出資を金銭ではなくビットコインで払い込んでもらうことを想定している。そして、出資してもらったビットコインをもって行う投資事業は、(a)ビットコインおよび他の仮想通貨への投資、(b) ビットコインその他の仮想通貨で購入できる資産（不動産等）への投資、(c) ビットコイン他のその他の仮想通貨で出資できるファンド（DAO等）への投資、などを考えている。配当も、ビットコインその他の仮想通貨で行うことを予定している。

3-4-3
投資者が法定通貨を仮想通貨に変えて払込みを行い、当該払込みを受けた事業者が当該仮想通貨を法定通貨に変えて事業を行うのであれば「隠れみの」認定はしやすいかもしれない。しかし、上記ケースのように、事業者が当該仮想通貨を法定通貨に変えることなく事業を行う場合はどうか。主な考え方としては、
(a)金銭・金銭類似物を充てて行う事業ではないとして、集団投資スキーム持分該当性を否定する。
(b)全体を見れば仮想通貨を法定通貨の代わりに使う「隠れみの」認定は可能であるとして、集団投資スキーム持分該当性を肯定する。
(c)そもそも仮想通貨もここでいう金銭に該当すると解釈することで、集団投資スキーム持分該当性を肯定する。
(d)立法的対応を図る（例えば①仮想通貨を金銭類似物の中に含める、②現物出資を正面から認めるなど）ことで、集団投資スキーム持分該当性を肯定する。

3-4-4
投資性があるにもかかわらず、法定通貨が仮想通貨に切り替わっただけで規制の網から抜け落ちることを許容するのは妥当でないように思われる。この方向で考えた場合、解釈論としては、(b)が無難かもしれないが、(c)の可能性はないか（3-4-4-1から3-4-4-2参照）。立法論としては、(d)①にも一理あるが、(d)②も

検討の余地はあるか。

3-4-4-1
おそらく、当局の法解釈の基本は、「通貨」＝「強制通用力ある法貨」＝「金銭」というものではないか（3-4-1等のほか下記の政府答弁参照）。

平成26年3月7日の政府答弁書「参議院議員大久保勉君提出ビットコインに関する質問に対する答弁書」によると、「我が国において通貨とは、貨幣については通貨の単位及び貨幣の発行等に関する法律…第七条で額面価格の二十倍まで、日本銀行券については日本銀行法…第四十六条第二項で無制限に、それぞれ法貨として通用するものとされているところであり、ビットコインは通貨に該当しない。民法（明治二十九年法律第八十九号）第四百二条第一項及び第二項における「通貨」とは、強制通用の効力（以下「強制通用力」という。）を有する貨幣及び日本銀行券であって、これを用いた金銭債務の弁済が当然に有効となるものをいうと解されており、強制通用力が法律上担保されていないビットコインは、当該「通貨」には該当しない。また、外国為替及び外国貿易法…第六条第一項における「通貨」とは、強制通用力のある銀行券、政府紙幣又は硬貨と解されており、ビットコインは、これらのいずれにも該当しないため、日本円を単位とする通貨と規定する「本邦通貨」、本邦通貨以外の通貨と規定する「外国通貨」のいずれにも該当しない」とされている。

平成26年3月18日の政府答弁書「参議院議員大久保勉君提出ビットコインに関する再質問に対する答弁書」によると、「「強制通用の効力」とは、金銭債権の債務者が当該効力を有する媒体を用いて弁済をした場合に、債権者がその弁済の受領を拒むことができず、当然にその弁済が有効となるとの効力をいい、貨幣については通貨の単位及び貨幣の発行等に関する法律…第七条により額面価格の二十倍まで、日本銀行券については日本銀行法…第四十六条第二項により無制限に、それぞれ法貨として通用することをいう。…強制通用の効力（以下「強制通用力」という。）を担保する主体は、主権を有する国家又はこれに準ずるものである。外国の通貨とは、ある外国が自国における強制通用力を認めている通貨をいい、我が国における強制通用力が認められているものではない。…外国の通貨とは、ある外国が自国における強制通用力を認めている通貨をいうことから、ビットコインについて強制通用力を認めている外国が存在しない限り、ビットコインが外国の通貨と同様の性質を持つと解することは困難である」とされている。

3-4-4-2
もっとも、「金銭」や「通貨」といった概念は、それぞれの法律の目的や規定の趣旨に照らし、解釈の余地がありうるのだとすると、①仮想通貨は仮想通貨交換所を通じて容易に法定通貨と交換できること、②仮想通貨は集団投資スキーム規制の定義における金銭に該当すると解釈することが集団投資スキーム規制の趣旨に反するようには思えないこと、③「隠れみの」論よりも「（ここでいう金銭との関係では）当然包含」論のほうが規制適用の有無が明確になり予測可能性が高まりうることなどを考えると、3-4-3(c)の解釈もあ

りうるように思うが、どうだろうか（もっとも、あらゆる法律における「金銭」の概念に仮想通貨を含めよという主張ではないため、「通貨」＝「強制通用力ある法貨」＝「金銭」で統一したほうが明確であるなどの反論はあるかもしれない）。

4. 仮想通貨・ICO トークンの公正な価格形成に関連して

ある仮想通貨交換業者の例（2018年11月13日23時30分）

ビットコイン取引所（手数料あり）	ビットコイン販売所（手数料なし）
Ask 数量(BTC) / BTC/JPY / Bid 数量(BTC) 1 / 716,200 / 0.50000013 / 716,199 / 1.00000013 / 716,197 / 0.6166 / 716,195 / 0.24 / 716,000 / 0.19553091 / 715,962 / / 715,954 / 0.47 / 715,953 / 0.5 / 715,757 / 1.71701291 / 715,696 / 0.0300015 / 715,596 / 0.50000013 / 715,595 / 0.3	購入価格(BTC/JPY) **725,167** 売却価格(BTC/JPY) **707,885**

＊「ビットコイン取引所」と一般的に言われているが「取引所」という言葉を使うと金融商品取引所のような自主規制機能を発揮していると誤解されるのではないか（ICO トークン「上場」という言葉も同じよう誤解を与えうる言葉ではないか）。

4-1
ビットコインは、仮想通貨交換所によって、また、一つの仮想通貨交換所内でも取引の形態によって、その価格は異なりうる。国内外での価格差もあり、例えば、2018年6月9日の日経記事「仮想通貨「キムチ・プレミアム」国内にも　投機誘う」によると、「ビットコインの価格が急騰した今年1月時点で日本は1ビットコインが約200万円だったのに対し、韓国では約260万円」であったという。同記事は「交換業者によって取引価格が異なり、差益を狙う投機が荒い値動きを生む」と指摘するが、理屈の上では、アービトラージによって価格差は抑えられていくはず。価格差が収斂していかないのだとすると、アービトラージが機能しにくい環境があるのか（それは何か）。いずれにせよ、こうした価格差があることについての透明性の向上は必要（金融庁・仮想通貨交換業等に関する研究会第6回（平成30年10月3日）資料3参照。なお 4-1-1 も参照）。

4-1-1
金融庁・上記資料に「国内の各交換業者や海外の主要な業者が提供する「顧客間の取引のマッチングの場」

における約定価格や気配値を基に、認定協会等が算出する基準価格、及び自己の相対取引価格との差」の開示等の話がある。これは当該基準価格を参照指標とするデリバティブや、当該基準価格と連動する ETF などの商品開発にもつながりうるように思われ、興味深い。いずれにせよ、各業者のマッチングの場における公正な価格形成が重要。

4-2
仮想通貨や ICO トークンについては、相場操縦等が横行しているのが現状。例えば、2018 年 8 月 5 日の WSJ の記事「Traders Are Talking Up Cryptocurrencies, Then Dumping Them, Costing Others Millions」（日本語版は 2018 年 8 月 7 日の「仮想通貨を組織的に価格操作、その手口とは」。以下は日本語版を引用）によると、「WSJ が 1～7 月の取引データとオンライン上のトレーダーの通信記録を分析したところ、計 121 種類の仮想通貨が絡んだ「パンプ・アンド・ダンプ」が 175 件見つかった」という。例えば、「7 万 4000 人を超えるフォロワーを持つ「ビッグ・パンプ・シグナル」」の場合、「7 月上旬のある日、ビッグ・パンプ・シグナルは取引の追跡ができない「クロークコイン」を買い始めるよう多くのフォロワーに指示した。開始時間は米東部時間午後 3 時、指定の取引所は「バイナンス」だった。テレグラムのチャットルームを管理する匿名のモデレーターが「皆さん、波に乗り遅れないように！」と促した。即座に猛烈な買いが入り、同取引所のクロークコインは 50％高の 5.77 ドルをつけた後、2 分後に 1 ドル近く下落した。それまで 1 時間はほぼ取引が無かったのに対し、全部で 6700 件、170 万ドル相当の取引が実行された」。

4-3
Tao Li 准教授らが 2018 年 10 月に公表した論文「Cryptocurrency Pump-and-Dump Schemes」によると、仮想通貨に関する 500 ものパンプ・アンド・ダンプ（P&D）を分析した結果、「In the first 70 seconds after the start of a P&D, the price increases by 25% on average, trading volume increases 148 times」となることなどが確認できたという。また、同論文によると、2017 年 11 月 24 日に相場操縦を禁止（口座凍結や当局報告等）する通知を顧客に送った Bittrex（仮想通貨交換所）では、「Although the ban was not able to eliminate P&Ds altogether, it is evident that there was a sharp decrease in the frequency of P&Ds on Bittrex」となったとし、「we find strong evidence that P&Ds are detrimental to the health of the cryptocurrency market. Specifically, banning P&Ds increased the prices and volumes of tokens listed on Bittrex to a greater extent than those of other tokens」と結論付けている。

4-4
NY 州司法長官事務局（OAG）が 2018 年 9 月に公表した報告書「VIRTUAL MARKETS INTEGRITY INITIATIVE」によると、「The New York Department of Financial Services has directed virtual currency entities operating in New York to adopt measures to identify and investigate fraud and market

manipulation」であるが、OAG の調査によると、「While participating platforms expressed their commitment to combatting market manipulation, only a few reported having a formal policy in place, defining the types of conduct the platform believes to be manipulative or abusive, and outlining how such trading behavior is to be detected and penalized」であるほか（右図は同報告書からの引用）、「Several platforms also told the OAG that it was impossible to effectively surveil for manipulative activity taking place on more than one platform」とのことである。

4-5
SEC は、2017 年 8 月に「INVESTOR ALERT: PUBLIC COMPANIES MAKING ICO-RELATED CLAIMS」を公表し、その中で「These frauds include "pump-and-dump" and market manipulation schemes involving publicly traded companies that claim to provide exposure to these new technologies」と述べたが、これは例えば ICO への関与を謳って公開会社の株価を操縦する行為を対象にしたもの（ICO トークンが証券に認定されれば当該トークン自体の相場操縦等も証券規制の対象になると考えられる）。

CFTC は、2018 年 2 月に「Customer Advisory: Beware Virtual Currency Pump-and-Dump Schemes」を公表し、その中で「The U.S. Commodity Futures Trading Commission (CFTC) is advising customers to avoid pump-and-dump schemes that can occur in thinly traded or new "alternative" virtual currencies and digital coins or tokens」と述べたほか、右記のような形で情報提供を呼びかけ。こうした報奨金制度が、行政リソースの効率的使用や不正行為抑止効などにどの程度貢献しているのかは引き続き検討。

4-6
CFTC が仮想通貨の現物市場における詐欺や相場操縦についても法執行権限を有するのは、例えば次のような問題があるため（以下は WSJ の記事「Bitcoin Futures Manipulation 101: How 'Banging the Close' Works」（2017 年 12 月 16 日）の日本語版「ビットコインの新たなリスク、先物の不正は防げるか」（2017

24
72

年12月19日）からの引用）。なお、記事中に出てくるCMEのビットコイン先物が参照する「4つの取引所」は、Bitstamp、Coinbase、itBit、Krakenであるが、前述したNY州司法長官事務局の報告書によると、これらの取引所の中には相場操縦に関する公式方針を持っていないところがあるようであり（他方でGeminiは当該方針を有している。4-4参照）、また、CMEとこれらの取引所における情報共有契約がうまく機能していないことを示す報道もある（5-4参照）。複数の価格データを参照すればよいということではなく、各取引所における公正な価格形成を確保する仕組みが重要。

> 「ビットコイン先物相場における不正操作の仕組みは？
>
> 　最も多く指摘されているのが、先物契約が期限を迎える頃に、ビットコイン価格を操作する行為だ。これは期限間近で清算値を操作する目的で行われる典型的な手口で、「バンギング・ザ・クローズ（banging the close）」と呼ばれる。
>
> 　例えば、Cboeで1月に期限を迎えるビットコイン先物契約100枚を購入したとしよう。これらの先物契約の清算値はビットコインのスポット取引所であるジェミナイで米東部時間午後4時に毎日行われる入札結果によって決まる。ジェミナイが入札を行う背景には、多くの買い手、売り手を集めてその日のビットコインの指標価格を決めるという意図がある。
>
> 　だが、1月17日のジェミナイの入札で、大口の買いを入れ、異様に高い買い値を提示したとする。こうした行為により、その日の指標価格はつり上げられ、購入した先物契約100枚の価値も押し上げる。…ジェミナイの取引は薄い。…そのため、比較的小規模な取引が入札価格を動かすとの懸念が出てくる。…
>
> **CMEの先物はどうか？　不正操作が行われる可能性は？**
>
> 　おそらくある。だがCMEの対策を回避するには、多大な努力を要する。CMEの先物は、英ロンドン時間午後3～4時におけるビットコインのスポット取引所4カ所の平均取引価格から日々算出される指数が決定する。…つまり、CMEでバング・ザ・クローズを行うには、先物期限を控え、その1時間の間に複数の取引所で集中的に売買する必要がある。CMEに上場した最初の先物契約は来年1月26日に期限を迎える。CMEは指数の正当性を担保するためには、単独の取引所ではなく、4つの取引所の価格データから算出することが望ましいと説明している。
>
> **では、ビットコイン先物相場が不正操作される確率は？**
>
> 　分からない。大きな不透明要因は、ビットコインのスポット市場が不透明性を欠き、その大半は規制当局による監視が行き届いていないことだ。
>
> 　次のシナリオを考えてみよう。仮想通貨のベテランによると、少数のいわゆる「鯨」と呼ばれる投資家は、ビットコイン価格がまだ安かった早い段階で投資を始めたため、流通するビットコインを多く保有している。こうした投資家が先物でビットコインをショートにし、先物の期限直前に大量のビットコインを売れば、世界的なビットコイン急落を招き、空売りで利益を得る一方、数年に及ぶビットコイン投資で利益を得ることができる」。

4-7

　すでにビットコイン先物取引が行われていることから、CFTCがビットコインの現物市場に関心を持つのは分かる。個人的に関心があるのは、CFTCは、まだ先物取引が行われていない仮想通貨の取引であった

としても、その詐欺や相場操縦については法執行を行うのか。これを肯定すれば、仮想通貨の現物市場におけるCFTCの役割は相当に重要なものとなる。この点、My Big Coin の事案においては、カテゴリー論に立ってこれを肯定（2-5-3 参照）。

4-8
日本法において、例えば、次のケースをどう考えるか（岩下直行・上原高志・沖田貴史・佐々木清隆・岩倉正和「座談会　仮想通貨・ICO をめぐる法規制」Law & Technology 80 号（2018 年）25 頁の事例⑥）。

> L&T 社は、自社の新事業のための資金調達を目的として、ICO を行うことを検討している。同社は、ICO の上場前に、新事業の開発途中なのに SNS 等で「開発が成功した」といった情報が流されたり、逆に同社を根拠なく誹謗中傷する情報が拡散されたりすることで、トークンの価格が乱高下し、トークン保有者に迷惑がかかってしまうことを懸念している。

4-9
①当該トークンが有価証券（集団投資スキーム持分等）に該当すれば、上記行為は金商法 158 条の対象。
②当該トークンが有価証券に該当しなかったとしても、当該トークンが仮想通貨に該当し、また、仮想通貨が金商法 2 条 24 項の金融商品に包含されるのであれば、上記行為はやはり金商法 158 条の対象となりうる（金商法 158 条の「有価証券等」の定義参照）。
ただし、金商法 158 条は「デリバティブ取引に係る金融商品」とあり、同条に金融商品が含まれている趣旨もデリバティブ取引の公正確保にあると考えるならば、当該トークンについてデリバティブ取引が行われていない場合はどうなるかといった議論はありうる（カテゴリー論を日本でも採用できるか）。
③当該トークンが仮想通貨に該当したとしても、金商法上の有価証券にも金融商品にも該当しないとなると、現在の資金決済法では十分な対応できず（後述する自主規制（4-10 参照）だけでは十分とは言い難い）。
④より一般的に仮想通貨・ICO トークンの取引について金商法 157 条や 158 条のような規制が適用されるようにすべきではないか。

> 金商法 157 条
> 何人も、次に掲げる行為をしてはならない。
> 一　有価証券の売買その他の取引又はデリバティブ取引等について、不正の手段、計画又は技巧をすること。
> 二　有価証券の売買その他の取引又はデリバティブ取引等について、重要な事項について虚偽の表示があり、又は誤解を生じさせないために必要な重要な事実の表示が欠けている文書その他の表示を使用して金銭その他の財産を取得すること。
> 三　有価証券の売買その他の取引又はデリバティブ取引等を誘引する目的をもつて、虚偽の相場を利用すること。

> 金商法 158 条
>
> 何人も、有価証券の募集、売出し若しくは売買その他の取引若しくはデリバティブ取引等のため、又は<u>有価証券等</u>（有価証券若しくはオプション又はデリバティブ取引に係る金融商品（有価証券を除く。）若しくは金融指標をいう。第百六十八条第一項、第百七十三条第一項及び第百九十七条第二項において同じ。）の相場の変動を図る目的をもって、風説を流布し、偽計を用い、又は暴行若しくは脅迫をしてはならない。

4-10

日本仮想通貨交換業協会の「不適正取引の防止のための取引審査体制の整備に関する規則」等は次のとおり。こうした自主規制が整備されることは評価できるが、会員でない者による風説の流布等を含めてより実効性のある対応をしていくには、法律を整備する必要があるのではないか（利用者の取引を停止するだけでは不十分ではないか）。

> <u>不適正取引の防止のための取引審査体制の整備に関する規則</u>
>
> 第5条 会員は、第2条で定めた社内規則に基づき取引審査を行わなければならない。
>
> 2 取引審査は、次の各号に掲げる事項を定めて行うものとする。
>
> (1) 取引審査の対象となる利用者又は取引の抽出基準
>
> (2) 取引審査の対象とする仮想通貨(仮想通貨の指数を含む。)の価格の変動率及び数量に係る定量基準
>
> (3) 取引審査の対象とする取引状況の定性基準
>
> (4) 内部者(「<u>仮想通貨関係情報の管理体制の整備に関する規則</u>」第2条第2項に定める意味をいう。以下同じ。)が仮想通貨関係情報(「<u>仮想通貨関係情報の管理体制の整備に関する規則</u>」第2条第1項に定める意味をいう。以下同じ。)をその者の内部者としての地位に関して知って行う当該仮想通貨関係情報に係る仮想通貨関連取引(以下「内部者取引」という。)に関する事項
>
> (5) その他会員が取引審査において必要とする事項
>
> 3 会員は、前項に定める取引審査を行った結果、不適正取引につながるおそれがあると認識した場合には、当該取引を行った利用者に対し注意喚起を行い、その後も改善が見られない場合には、当該利用者との取引の停止その他の適切な措置を講じなければならない。
>
> 第8条 会員は、次の各号に掲げる取引を不適正取引の対象として、取引審査を実施しなければならない。
>
> (1)仮想通貨の売買等のため又は仮想通貨(仮想通貨の指数を含む。以下、本条において同じ。)の価格の変動を図る目的のために行う次に掲げる行為
>
> 　イ 行為者が直接経験又は認識していない、合理的な根拠のない事実を不特定多数の者に流布すること。
>
> 　ロ 他人を錯誤に陥れるような手段を用いて詐欺的な行為を行うこと。徒に他人の射幸心をあおるような言動を行うこ

と。

　ハ　暴行又は脅迫を用いること。

(2)仮想通貨の価格に人為的な操作を加え、これを変動させる行為として、次に掲げる取引

　イ　仮想通貨の売買等について他人に誤解を生じさせる目的をもって行われる権利の移転、金銭の授受等を目的としない仮装の取引

　ロ　仮想通貨の売買等について他人に誤解を生じさせる目的をもって行われる第三者との通謀取引

　ハ　仮想通貨の売買等を誘引する目的で、当該売買等が繁盛であると誤解させ、又は仮想通貨の価格を変動させるべき一連の仮想通貨の売買等に係る現実の取引

　ニ　仮想通貨の売買等を誘引する目的で、仮想通貨の価格が自己又は他人の市場操作によって変動する旨を流布させ、又は重要な事項につき虚偽又は誤解を生じさせる表示を故意に行う取引

　ホ　仮想通貨の価格を釘付けし、固定し、又は安定させる目的をもって行う一連の仮想通貨の売買等に係る取引

(3)架空の名義又は他人の名義など本人名義以外の名義で行う取引

(4)内部者取引

(5)その他不適正な取引として会員の定める取引

2　会員は、前項各号に掲げる取引のほか、会員及びその役職員が行う「受注管理体制の整備に関する規則」第7章に定める禁止行為についても、取引審査の対象としなければならない。

＊「受注管理体制の整備に関する規則」第7章に定める禁止行為とは、架空名義取引等の禁止、虚偽・偽計・偽装の禁止、ノミ行為の禁止、無断取引の禁止、利益供与等の禁止、遅延行為等の禁止、不正取得の禁止、空売りの禁止、名義貸しの禁止、自己の計算による不公正取引の防止、合理的根拠の無い事実の流布等。

5. 仮想通貨デリバティブ取引に関連して

5-1

平成29年度における、仮想通貨交換業者を通じた国内の仮想通貨取引全体のうち、仮想通貨デリバティブ取引は約8割（金融庁・仮想通貨交換業等に関する研究会第7回（平成30年10月19日）資料2等）。

現在の資金決済法上、仮想通貨の先物取引等のうち決済時に現物の受渡を行わない「差金決済取引については、法の適用を受ける「仮想通貨の交換等」には該当しない」とされている（金融庁・事務ガイドライン第3分冊16仮想通貨交換業者関係 I-1-2）。

日本の業者はレバレッジ25倍以下におさえてきたようだが、例えば、海外業者 BitMEX は、レバレッジ100倍のビットコイン差金決済取引を日本語で提供（海外業者が日本向けに無登録で仮想通貨交換業を行うのであれば資金決済法違反で警告等の対象だが、BitMEX の当該行為は対象外？）。

仮想通貨それ自体のボラティリティーの大きさ（ビットフライヤーの説明によると「ビットコインはドル円の3倍〜5倍程度のボラティリティーがあり、ドル円よりもボラティリティーが大きい」）に鑑みると、仮想通貨の高レバレッジ取引は賭博（刑法185条・186条）となる可能性も否定できないのではないか。

5-2

デリバティブ取引は一般にハイリスク・ハイリターンな取引であるといわれるが、リスクヘッジ・資産運用・価格発見などの機能が発揮されるのであれば、デリバティブ取引には社会的意義が認められる。これは原資産が仮想通貨であっても同じではないか。仮想通貨デリバティブ取引が適切に行われるのであれば（そのような制度整備がなされるのであれば）、仮想通貨の公正な価格形成の一助となる可能性があるのではないか。

5-3

例えば、CBOE 先物取引所（CFE）や CME におけるビットコイン先物取引が、ビットコインの価格にどのような影響を与えたかは興味深い論点（右図は WSJ 日本語版「ビットコインの急落、先物導入が引き金か」（2018年5月9日）より）。例えば、CME は10/31に計画を発表、12/17に取引を開始したが、ビットコイン価格はこの時点をピークとして下落。この点について、サンフランシスコ連銀のエコノミックレター（2018年5月7日）は、「The rapid run-up and subsequent fall in the price after the introduction of futures does not appear to be a coincidence」と指摘。CME の担当者は、「Many factors influence price, and it is worth noting that the futures market is

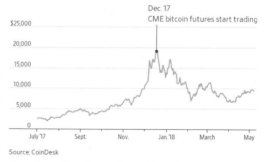

still trading a fraction of the cash bitcoin market each day」と指摘。2017年12月18日の日経記事「米CMEビットコイン先物、取引開始　一時2万ドル超え」によると、CMEのビットコイン先物取引は、「1ビットコイン当たり2万ドルを超えて始まったが、その後は売りに押されて伸び悩んだ」という。取引量が少なくても、先物市場における売りの存在自体が現物市場における投機熱を冷ました可能性はないか。実証研究等の蓄積を期待。

5-4

CFTC Staff Advisory No. 18-14（2018年5月21日）によれば、仮想通貨デリバティブ上場の際にCFTCスタッフが留意している点として、「(A) enhanced market surveillance; (B) coordination with CFTC staff; (C) large trader reporting; (D) outreach to stakeholders; and (E) DCO risk management」。以下では(A)と(E)の一部のみ紹介。なお、DCM＝designated contract market、SEF＝swap execution facility、DCO＝derivatives clearing organization。

(A)→「DCMs and SEFs, as self-regulatory organizations (SROs), must establish and maintain an effective oversight program designed, among other things, to ensure that listed contracts are not readily susceptible to manipulation and to detect and prevent manipulation, price distortion, and disruptions of the delivery or cash-settlement process. Without adequate visibility into the underlying spot markets, an exchange has diminished ability to effectively identify and address risks in the trading of listed virtual currency derivatives. …Under existing CFTC regulations, DCMs and SEFs must be able to obtain from its traders information on the traders' activities in the reference spot market. However, Commission staff believes that a well-designed market surveillance program of an exchange (i.e., a DCM or SEF) for virtual currency derivatives includes an information sharing arrangement with the underlying spot market(s) that make up the cash-settlement price to facilitate the exchange's access to a broader range of trade data. …Such data may include, but not be limited to, information relating to the identity of the trader, prices, volumes, times, and quotes from the relevant market makers or traders」。もっとも、情報共有契約については、CMEが四つの交換所（Bitstamp, Coinbase, itBit and Kraken）に情報提供を求めたところ、複数の交換所がこれを拒否したため、CFTCが情報提供を要請したとの報道（2018年6月8日）あり。アメリカでも十分ではない可能性。

(E)→「As a general matter, staff expects margin requirements for virtual currency contracts to exceed those of less volatile commodities」。マージン規制（レバレッジ規制）については下記参照

5-5

マージン規制（レバレッジ規制）について、CFTC Backgrounder on Oversight of and Approach to Virtual Currency Futures Markets（2018年1月4日）によると、「In the case of CME and CFE Bitcoin futures,

30

the initial margin was ultimately set at 47 percent and 44 percent, respectively. By way of comparison that is more than ten times the margin required for CME corn futures product」。CME＝Chicago Mercantile Exchange、CFE＝CBOE Futures Exchange。レバレッジは約2倍少し。

欧州はリテイル向け仮想通貨CFD（差金決済取引）のレバレッジは2倍（5-5-1参照）。

後述（5-6参照）する日本仮想通貨交換業協会の指定水準(4倍)の根拠（計算方法）と何が違うのか？

5-5-1

ESMAは、Product Interventionの仕組みを使って、リテイル向けCFDの規制強化（2018年5月22日決定。8月1日から3ヶ月間施行）。ESMAによるProduct Interventionの期間は更新可能であり、その後ESMAは更新を決定（下記参照）。なお、某社のRisk Warningの例として、「CFDs are complex instruments and come with a high risk of losing money rapidly due to leverage. 83% of retail investor accounts lose money when trading CFDs with this provider. You should consider whether you understand how CFDs work and whether you can afford to take the high risk of losing your money」。

> ESMA has carefully considered the need to extend the intervention measure currently in effect. ESMA considers that a significant investor protection concern related to the offer of CFDs to retail clients continues to exist. It has therefore agreed to renew the restriction from 1 November.
>
> **Renewal of restriction on CFDs**
>
> The renewal was agreed by ESMA's Board of Supervisors on 26 September 2018 and includes renewing the following:
>
> 1. Leverage limits on the opening of a position by a retail client from 30:1 to 2:1, which vary according to the volatility of the underlying:
>
> ・30:1 for major currency pairs;
>
> ・20:1 for non-major currency pairs, gold and major indices;
>
> ・10:1 for commodities other than gold and non-major equity indices;
>
> ・5:1 for individual equities and other reference values;
>
> ・2:1 for cryptocurrencies;
>
> 2. A margin close out rule on a per account basis. This will standardise the percentage of margin (at 50% of minimum required margin) at which providers are required to close out one or more retail client's open CFDs;
>
> 3. Negative balance protection on a per account basis. This will provide an overall guaranteed limit on retail client losses;
>
> 4. A restriction on the incentives offered to trade CFDs; and

> 5. A standardised risk warning, including the percentage of losses on a CFD provider's retail investor accounts.

5-6

日本仮想通貨交換業協会の「証拠金取引に関する規則」4条2項等は次のとおり。

> 証拠金取引に関する規則
> 第4条
> 2 会員は、当面の間、次のいずれかの方法により証拠金率を定めるものとする。
> (1)協会が別に定める値
> (2)当該仮想通貨価格又は仮想通貨指数の変動状況及び利用者に生じた預託証拠金額を上回る損失(以下「未収金」という。)の発生状況等を検証し、未収金の発生防止に適う値
>
> 附則 第1条
> 協会は、本規則の施行後1年以内に、第4条第2項第2号によることを選択した会員における未収金の発生状況を勘案し、第4条第2項第1号への統合に向けた改正を行うものとする。
>
> 証拠金取引に関する規則に関するガイドライン
> 第4条第2項第1号関係
> 本号における協会が別に定める値については、当面の間、証拠金率を 25% 以上(証拠金倍率 4 倍以下)とします。

日本仮想通貨交換業協会の説明(金融庁・仮想通貨交換業等に関する研究会第5回(平成30年9月12日)資料4)によれば、

> 証拠金倍率:協会指定水準=4倍(証拠金率25%)又は会員自身が決定する水準の選択利用(1年限りの暫定措置)
> 　　　1年以内に会員における未収金の発生状況を勘案し、協会指定水準に統一
> 　　　※自ら倍率を決定する会員の利用者において1年内に未収金が生じた場合には、その時点で当該会員は
> 　　　　未収金が発生することのない水準に速やかに倍率を切り下げなければならないことを規定。
> 　　　※協会指定水準(4倍)の根拠
> 　　　　2018年3月31日を起点にその前3か月、1年、3年を対象期間とし、主要な仮想通貨であるビットコインの日次価格変動率をサンプルとした。未収金の発生を予防する観点からサンプルの99.5%が収まるラインを適正値とし、いずれの期間でもこのラインに収まる値を抽出。この結果、変動率約25%という値が得られたため、証拠金倍率を4倍に設定

5-7

仮想通貨デリバティブ取引が適切に行われることを確保するために、金商法のデリバティブ取引の原資産である「金融商品」（金商法 2 条 24 項）に仮想通貨を含め、法規制の対象とすることが考えられる。ここでいう金融商品とは、要約すると、①有価証券、②預金債権その他の権利等であって政令で定めるもの、③通貨、③の2商品先物取引法 2 条 1 項に規定する商品（農産物等・鉱物等・政令指定物品・電力）のうち政令で定めるもの、④「前各号に掲げるもののほか、同一の種類のものが多数存在し、価格の変動が著しい資産であつて、当該資産に係るデリバティブ取引…について投資者の保護を確保することが必要と認められるものとして政令で定めるもの…」、⑤①②④のうち内閣府令で定めるものの標準物。
米国と異なり、包括的な規定とはなっていない。

5-8
「ビットコインは通貨に該当しない」という政府答弁（3-4-4-1 参照）を前提とすれば、仮想通貨は上記・金融商品の定義の③に該当せず、④で仮想通貨を政令指定すべきかどうかという方向で話が進むのではないか。以下の議論にはあまり実益がないものも含まれているかもしれないが、仮に④の政令指定がない場合、次のような解釈はできないか。
①通貨としての経済的機能を有するものとして社会に信用されるに至った仮想通貨であれば、③に含まれると解釈する余地はないか。
②強制通用力が認められた中央銀行デジタル通貨であれば、③に含まれると解釈してよいか。
③ある国が自国通貨としてビットコインに強制通用力を認めた場合、ビットコインは③に含まれると解釈してよいか（政府答弁 3-4-4-1 参照）。

以上

> 報告者レジュメ（追加）

181121 金商法研究会

仮想通貨・ICO に関する法規制・自主規制（追加レジュメ）

立教大学　河村賢治

> 最新動向

（1）2018 年 11 月 9 日、CFTC が、Joseph Kim に対し、同人が勤め先からビットコイン等を着服し取引を行なっていたことなどを理由に 100 万ドル超の原状回復などを命じたことを公表。

（2）2018 年 11 月 16 日、SEC が、CarrierEQ (Airfox)社の ICO および Paragon 社の ICO に関して、両社が民事制裁金を支払うことなどで SEC と和解した旨を公表。その内容は、連邦証券諸法を遵守しようとする ICO 実施会社にとって、一つのモデルとなるとの指摘（下記②も参照）。なお、詐欺ではない登録義務違反の事案として Munchee 社の事案があるが、同事案では民事制裁金は課されなかった（レジュメ参照）。

Washington D.C., Nov. 16, 2018 —The Securities and Exchange Commission today announced settled charges against two companies that sold digital tokens in initial coin offerings (ICOs). These are the Commission's <u>first cases imposing civil penalties solely for ICO securities offering registration violations</u>. Both companies have agreed to <u>return funds to harmed investors</u>, <u>register the tokens as securities</u>, <u>file periodic reports with the Commission</u>, and <u>pay penalties</u>. … "By providing investors who purchased securities in these ICOs with the opportunity to be reimbursed and having the issuers register their tokens with the SEC, these orders provide <u>a model</u> for companies that have issued tokens in ICOs and seek to comply with the federal securities laws," said Steven Peikin, Co-Director of the SEC's Enforcement Division. …

（3）2018 年 11 月 16 日、SEC 企業金融局、投資運用局および取引・市場局が、公式声明として「Statement on Digital Asset Securities Issuance and Trading」を公表。SEC による近時の法執行事例を、①デジタルアセット型証券の募集に関する事例（AirFox と Paragon）、②デジタルアセット型証券に関する投資ビークル・投資助言に関する事例（Crypto Asset Management）、③デジタルアセット型証券の流通市場取引に関する事例（TokenLot と EtherDelta）に分けて解説。以下では主に①。

… The Commission's recent enforcement actions involving <u>AirFox, Paragon, Crypto Asset Management, TokenLot, and EtherDelta's founder</u>, … discussed further below, illustrate the importance of complying with these requirements. Broadly speaking, the issues raised in these actions fall into three categories: <u>(1) initial offers and sales of digital asset securities (including those issued in initial coin offerings ("ICOs"))</u>; <u>(2) investment vehicles investing in digital asset securities and those who advise others about investing in these securities</u>; and <u>(3) secondary market trading of digital asset securities</u>. Below, we provide the Divisions' views on these issues. …

Offers and Sales of Digital Asset Securities

…Today, the Commission issued settled orders against AirFox and Paragon in connection with their unregistered offerings of tokens. Pursuant to these orders, AirFox and Paragon will pay penalties and also have undertaken to register the tokens as securities under Section 12(g) of the Securities Exchange Act of 1934 ("Exchange Act") and to file periodic reports with the Commission. They have also agreed to compensate investors who purchased tokens in the illegal offerings if an investor elects to make a claim. The registration undertakings are designed to ensure that investors receive the type of information they would have received had these issuers complied with the registration provisions of the Securities Act of 1933 ("Securities Act") prior to the offer and sale of tokens in their respective ICOs. With the benefit of the ongoing disclosure provided by registration under the Exchange Act, investors who purchased the tokens from the issuers in the ICOs should be able to make a more informed decision as to whether to seek reimbursement or continue to hold their tokens. … These two matters demonstrate that there is a path to compliance with the federal securities laws going forward, even where issuers have conducted an illegal unregistered offering of digital asset securities. …

(4) 2018年11月14日、日本において無登録営業容疑で逮捕。以下は19日付けの日経新聞。

高配当うたい集金 ほぼビットコインで 金商法の「穴」突く狙い

2018/11/19 付日本経済新聞　夕刊

米国のファンド運営会社「ＳＥＮＥＲ（セナー）」への出資を募り、金融商品取引法違反（無登録営業）容疑で警視庁が摘発した勧誘グループは、出資金の9割以上を現金ではなく仮想通貨ビットコインで集めていた。国内の法規制は仮想通貨の普及に追いついておらず、金商法の「穴」を突いて摘発を免れる狙いがあったとみられる。

「出資が全て仮想通貨であれば摘発は困難だった」。警視庁の捜査幹部はこう打ち明ける。

同庁によると、セナーへの出資を勧誘していたグループは、元本保証で月利3～20％を配当するなどとうたい、全国でセミナーを開催。2017年2月からの約3カ月間で、延べ約6千人から総額約83億円相当を集めたとみられている。

その約83億円のうち、現金での入金は約5億円のみ。残る約78億円相当（入金時のレートで計算）はビットコインで集めていた。グループは出資者に対し「できるだけビットコインで払ってほしい」と求めていたという。

金融庁によると、無登録で金融商品の対価として「金銭」を集めた場合は金商法の規制対象となるが、現時点で仮想通貨は金銭に含まれない。仮想通貨をすぐに現金化するなど、実態として金銭と同等と見なせる場合は金商法適用の余地もあるが、それ以外は適用できないという。…

金融庁の研究会では、金融商品の対価支払いに仮想通貨を用いた場合でも金商法の適用対象にすべきだとの意見もあるが、実現のメドは立っていない。…

以上

資料

ICO規制に関する一考察

立教大学大学院法務研究科教授　河村賢治

フィンテックと金融商品取引法（金融法学会第35回大会（シンポジウムⅡ）資料）

1 はじめに

世界中でICO（Initial Coin Offering）が広がっている。本稿では、ICOの状況や諸外国の規制動向を概観し、日本法（資金決済に関する法律（以下「資金決済法」という）・金融商品取引法（以下「金商法」という））における位置付けや規制・開示内容の在り方などについて若干の考察を行う。

法律上の定義はないが、ICOとは、一般に、企業等が電子的にトークン（証票）を発行し、公衆から資金調達を行う行為の総称[1]で、あるとみなされる（トークンセールとも呼ばれる）。例えば、A社が、あるプロジェクトを実施するための資金を調達すべく、仮想通貨2の1つであるイーサを払い込んだ者に対し、トークンを発行するためのホワイトペーパー（当該ICOの内容を説明する資料）を公開する。トークンの内容はICOによって様々であるが、例えば、プロジェクトが優先的に提供するサービスを優先利用できる権利やトークンに付与される何らかの権利が、トークンが仮想通貨交換所で取引される（いわゆるトークン上場）予定であるといった示唆あるいはそのサービスを利用したい、当該サービスを利用する、あ

るいは、トークンの転売益を狙いたいと考えた者がイーサを払い込み、トークンを取得する。A社は、受け取ったイーサを仮想通貨交換所で法定通貨に換えて、それを元手にプロジェクトを実施する。

近時、世界中でICOが広まっている。ICOの動向についてはさまざまな調査があるが、例えばCoinDeskによると、2015年のICOは7件（900万ドル）だったのが、2016年には43件（2億5600万ドル）、2017年には334件（54億8200万ドル）、2018年は既に334件（81億1700万ドル）と、2018年6月16日閲覧[3]。

ICOは、既存の資金調達手段よりも簡便に多くの資金を集めることができるというプロジェクトの初期段階から顧客基盤を築くことができるなどの理由で広まっているようであるが、ICOの多くは詐欺であるとの指摘もある。Satis Group のDowlat氏の調査によれば、5000万ドル以上のICOの81%は詐欺であり、仮想通貨交

換所でのトークン取引に至ったのは8%であったという（この調査でいう詐欺（scam）とは、要するに、ウェブなどでICO投資が可能であることを表明しながら、プロジェクト開発義務を果たすそうとする意図を有していない、オンライン上のコミュニティによって詐欺であるとみなされているプロジェクトのことをいうと定義されている）[5]。Wall Street Journal によれば、調査対象とした1450件のICOのうち271件が危険と判断できる案件（他社のホワイトペーパーのコピー、経営チームが同一人物の写真の流用同等、リスクなく利益を得られる旨の約束等がある案件）であったという[6]。

EYによれば、ICO（トークン）の価値評価は、プロジェクトの開発予想とトークンの性質に基づくべきであるが、実際には、誇大宣伝、ホワイトペーパーの質およびトークンの販売テクニック（「見逃してしまうようとの不安」FOMO（fear of missing out））」を利用した手法によって決まることが多いという（このEYの調査では、仮想通貨交換所での取引開始後のトークン価格の変動におおむね応じる形でICOによる調達額が増減していることなども図示されており参考になる）[7]。

本稿では、こうしたICOという現象について、主要国の金融・証券規制の動向を概観し、日本法（資金決済法・金商法）における位置付けや規制・開示内容の在り方などについて若干の考察をしたいと思う。

2 諸外国の規制動向

[表1]は、主に金融・資本市場ないし投資者保護規制という観点から、主要国の金融・証券規制当局（とりわけアメリカの証券取引委員会（SEC））が、ICOや仮想通貨に対してどのような対応をしているのかをまとめたものである（注意点：①主要国といっても一部の国のものを抜き取り上げているものである。②ICOに限らず仮想通貨まわりの規制動向も少し取り上げている。③紙幅の関係上、原文資料等の引用は省略する）。

すべての国の規制動向を調査したわけではないが、[表1]にあるように、ICOを禁止した国もあるものの、少なくとも現段階では、ICOを禁止せず内容次第で証券規制の適用を反復しようとする国が多いように思われる（ICOに特有の規制を設けようとするフランスのような国もある）。ICOを禁止しない国としては、スイスやシンガポール（また[表1]には入れてないが、エストニア）などが、ICOフレンドリーな国であるといわれることが多い（日本企業がスイスに現地法人を設立しICOを実施するなどの報道がみられる）。ICORatingの調査によれば、法人設立国ベースで2017年のICOの所在地を分類してみると、アメリカ、シンガポール、スイス、エストニア、イギリスなどがトップであるが（この順で数が多い）、この点、アメリカにおけるICOの数が多いといって、[アメリ

---

1 金融庁「ICO（Initial Coin Offering）について～利用者及び事業者に対する注意喚起～」（平成29年10月27日）。技術的には、ERC20（イーサリアム上で利用されるトークンの技術仕様の一つ）が多く使われているといわれる。
2 暗号資産や暗号資産という呼び方もある（2018年3月20日の20か国財務大臣・中央銀行総裁会議が仮想通貨に替わる用語として使用されている）。
3 CoinDesk ICO Tracker Summary Stats (https://www.coindesk.com/ico-tracker/).
4 ただし、後者の点については、米国の起業家らはICOの対象者らをプロ投資家家にシフトさせており、購入家から資金を集める顧客基盤を築くことがプロジェクトの初期段階から顧客基盤強化に繋がるといったICOプロ投資家専用の調達急減、スタートアップなどの民間企業による発表もみられない。例えば、岡山県真庭会社は、地方自治体による地方創生ICOの実施を決定したことを発表している（https://nishiawakura.org/pdf/20180613_news_release.pdf）。
5 ICO Quality: Development & Trading (Mar. 22, 2018) (https://medium.com/satis-group/ico-quality-development-trading-e4fef28dd04f0). もっとも、この調査に対しては疑問を投げかける声もあるため、より詳細な調査内容の分析が期待される。
6 Buyer Beware: Hundreds of Bitcoin Wannabes Show Hallmarks of Fraud, The Wall Street Journal (May 17, 2018) (https://www.wsj.com/articles/buyer-beware-hundreds-of-bitcoin-wannabes-show-hallmarks-of-fraud-1526573115).
7 EY Research: Initial Coin Offerings (ICOs) (Dec. 2017) (https://www.ey.com/Publication/vwLUAssets/ey-research-initial-coin-offerings-icos/%24FILE/ey-research-initial-coin-offerings-icos.pdf). なお、ICO実施を検討した企業向けのスタートアップなどを支援したことを発表している。
8 ICORating Annual Report 2017 (https://icorating.com/ICORating_annual_report_2017.pdf).

かの資本市場及びアメリカ経済の規模を踏まえると、北米におけるICOの数は非常に少ない：……この数の少なさはアメリカの金融当局が続しこの抽象があることに留意する必要がある[9]。ICOという1つの現象をめぐり、世界各国が規制の在り方を模索しているのかもしれない(ICOフレンドリーなアメリカ州を目指しているところのデラウェア州のようにアメリカ会社法が出ているのであろうか)。以下では、アメリカ、スイス、フランスについて、若干の解説を加える。

(1) アメリカ

ICOの発行されるトークンが、連邦証券規制上の証券(security)に該当するとなると、証券の登録義務をはじめとする各種の連邦証券規制が適用されることになる。証券には、株式や社債などのほか、投資契約(investment contract)も含まれる(1933年証券法2条(a)(1)、1934年証券取引所法3条(a)(10))。投資契約とは、判例法上、①他人の努力から生じる②利益に対する期待をもって、③共同事業に、④金銭を出資する仕組みを持つものをいう(Howeyテスト)[10]。

まず、「金銭の出資」であるが、ここでいう金銭(money)は、現金(cash)に限定されず、「金銭の出資」要件は、仮想通貨を利用する[11]、トークンの購入者は、サービスを利用する

る[12]。そのため、DAOトークンがそうであったように、トークンを受け取る行為も「金銭の出資」要件を充足することになる[13]。

次に、「共同事業」であるが、複数の実施され、これらの者が当該プロジェクトの成否の結果をともに受けるようなプロジェクトであれば、「共同事業」要件は充足しうると考えられる[14]。

「利益に対する期待」要件については、トークンの内容が、プロジェクトから生じる収益を配当に分与することができるとすれば異論はなく、当該要件を充足することになるが、プロジェクトが提供するサービス等を利用するというのもの(いわゆるユーティリティ・トークン)がICOにおけるトークンが多くなっているが、当該要件を充足するかというと、トークン発行後に当該要件を充足する(periodic payments)や定期的支出(periodic payments)などのほか、投資価格の増加(increased value of the investment)も含まれると解されている[15]。ICOにおけるトークンは、一般に、トークン発行後に仮想通貨交換所で取引きがされることを予定しているといっており、この点においてはユーティリティ・トークンあっても同様にユーティリティ・トークンの購入者は、サービスを利用す

---

[9] Dirk A. Zetzsche, Ross P. Buckley, Douglas W. Arner & Linus Föhr, The ICO Gold Rush: It's a Bubble, It's a Super Challenge for Regulators, European Banking Institute Working Paper Series 18/2018, (Feb. 15, 2018). (https://ssrn.com/abstract=3072298).
[10] SEC v. W.J. Howey Co., 328 U.S. 293 (1946). 詳しくは、黒沼悦郎『アメリカ証券取引法〔第2版〕』(弘文堂、2004年)や、山本国英『レクシスネクシス・ジャパン、2015年)等参照。
[11] Uselton v. Commercial Lovelace Motor Freight Inc. 940 F.2d 564 (10th Cir. 1991).
[12] SEC v. Shavers, No. 4:13-CV-416, 2013 WL 4028182 (2013) および2014 WL 4652121 (E.D. Tex. Sept. 18, 2014).
[13] SEC, Report of Investigation Pursuant to Section 21(a) of the Securities Exchange Act of 1934: The DAO (July 25, 2017). The DAOについては、小出篤「仮想通貨」の法的問題・序論」正商古稀・前掲注10・42頁等参照。
[14] これは共同事業の意義について、いわゆる水平的共同性を充足しようとする場合の説明であるが、ユーティリティ・Based Token Sales, Initial Coin Offerings, and the Democratization of Public Capital Markets, Cardozo Legal Studies Research Paper No. 527 (Oct. 4, 2017) (https://ssrn.com/abstract=3048104) 参照。
[15] SEC v. Edwards, 540 U.S. 389 (2004).

[表1] ICO・仮想通貨に対する主要国の対応

年月	主な動向
2013.7	[アメリカ]：SECがビットコイン建てのファンドのポンジ・スキームの運営者に対し差止め等を求める民事訴訟を提起するとともに、SECによる仮想通貨関連の法執行事例本表に掲載した以外にも複数あり、なおSECによる仮想通貨関連の法執行事例本表に掲載した以外にも複数あり(Coinflipなど)[Shavers事件]。
2014.2	[日本]：マウントゴックス事件。
2014.5	[アメリカ]：SECが仮想通貨に投資する際のリスクについて注意喚起。
2014.12	[アメリカ]：商品先物取引委員会(CFTC)委員長が、仮想通貨デリバティブはCFTCの管轄に合致する旨の議会証言。
2015.6	[世界]：G7エルマウ・サミット首脳宣言および金融活動作業部会(FATF)ガイダンス、マネーロンダリング・テロリズムへの資金供与等規制の観点。
2015.9	[アメリカ]：CFTCが仮想通貨デリバティブの取引プラットフォームに対し停止命令(Coinflip事件)、なおCFTCによる仮想通貨関連の法執行事例本表に掲載した以外にも複数あり。
2017.4	[日本]：改正資金決済法施行、決済手段に該当する仮想通貨に関する規制。
2017.7	[アメリカ]：SECが、DAOトークンが証券に該当する旨の調査報告書を公表するとともに、ICOのリスクについて注意喚起。
2017.8	[アメリカ]：SECが、上場会社に関する不確定な旨の情報公表により株価に影響を与えようとする公開会社の存在についてさらに調査喚起。 [カナダ]：カナダ証券管理局(CSA)が、ICOのトークンは証券に該当する可能性がある旨の公表(実際に2017年8月と10月に計2件のICOがレギュラトリーサンドボックス制度を利用して2通知)。
2017.9	[アメリカ]：CFTCがビットコイン投資のポンジ・スキームの運営者に対し差止め等を求める民事訴訟を提起(Gelfman事件)、SECが詐欺的ICOの実施当事者に対し差止め等を求める民事訴訟およびICOのFCAの規制対象となるかなどのケース・バイ・ケースで判断する旨を公表。 [中国]：中国人民銀行(PBC)等がICOを禁止。 [香港]：SECが詐欺的であり得る場合がある旨の声明を公表。 [日本]：金融庁(FSC)がICOへの対応方針を公表。
2017.10	[アメリカ]：CFTCが仮想通貨に関するプライマー「仮想通貨についての注意喚起」を公表。
2017.11	[アメリカ]：SECが、有名人(セレブ)がトークンマーケティング指針公表、トークンの構造・特徴に応じて該当性を判断する考え方を示す。
2017.12	[アメリカ]：SECが詐欺的なICOの実施当事者に対し差止め等を求める民事訴訟を提起(PlexCorps事件)、SECがICOを開始した証券会社取引所に対しCboe仮想通貨先物上場、日本仮想通貨事業者協会がイニシャル・コイン・オファリング(ICO)に関する指針公表、2017年10月以降のICOについて、パブリック、コインcheck事件。
2018.1	[アメリカ]：SECC委員長とCFTC委員長がビットコインを含む仮想通貨(トークンを含む)の取引所の監督的な仕組みについて寄稿。SECが詐欺的なICO事業者に対し差止め等を求める民事訴訟を提起(AriseBank事件)。 [日本]：コインcheck事件。
2018.2	[アメリカ]：SECCが詐欺的なICOの実施当事者に対し差止め等を求める民事訴訟を提起(1007ドル以上の付いた情報の提供者に対しては10%〜30%の割賞金が支給される)SECがプラットフォームの取引について差止め等を求める民事訴訟を提起(Montroll事件)。 [スイス]：連邦金融市場監督機構(FINMA)がICOのガイドライン公表、トークンの種類に応じて該当性を判断する考え方を公表。 [イギリス]：SECCが詐欺的なICOの実施当事者に対し差止め等を求める民事訴訟および資産凍結命令(Longfin事件)。
2018.3	[アメリカ]：SECが、証券の定義に合致するデジタル資産(トークンを含む)の取引所の登録免除要件を受けなければならない旨の声明を公表。 [アメリカ]：北米州証券監督機関(NASAA)が、「クリプト一掃作戦」として、仮想通貨交換所の州の法執行を開始。
2018.4	[アメリカ]：SECが詐欺的なICOサイト(howeycoins.com)を開設、裁判所が業務合致しうる機能する仮想通貨が無登録運用適用を怠ればするとした事例(Centra Tech事件)、SECC、投資教育の一環としてのWeb広告を掲載。 [日本]：仮想通貨交換業等の法執行犯連絡会議発足。
2018.5	[アメリカ]：SECが詐欺的なICOの実施当事者に対し差止め等を求める民事訴訟を提起(TBIS詐欺的なICO事件)。 [アメリカ]：カナダアメリカの州当局による多数の法執行事例を公表。

【表2】ICOガイドラインにおける金融市場規制の適用関係についての考え方

	ペイメント・トークンおよびプレセールでトークンがいまだ存在していない場合	トークンが存在している場合
ペイメント・トークンのICO	= 証券	≠ 証券（単ら現に機能するユーティリティ・トークンである場合） = 証券（投資機能をも有するものである場合）
ユーティリティ・トークンのICO		
アセット・トークンのICO	= 証券（ただしビジネス・ローン・クリアリング規制に関連する部分は省略した）	

出所：ICOガイドライン8頁の表（ただしビジネス・ローン・クリアリング規制に関連する部分は省略した）

員会（CFTC）は、その規制対象となるデリバティブの原資産となる「商品」（商品取引所法1a条(9)）の定義に仮想通貨が含まれることを前提として法執行を実施しているほか（この点、CFTCはデリバティブを規制対象とするものであるが、原資産たる仮想通貨について法執行権限を有する必要があることに留意する必要がある）[22]、2017年10月に公表された仮想通貨に関するする資料では、当該資料はCFTCの公式方針を示すものではないとしながらも、場合によってはトークンが「商品」となりうる旨の指摘がある[23]。

（2）スイス

スイスの連邦金融市場監督機構（FINMA）は、2017年9月に、ICOの規制上の取扱いに関する立場を公表しているが[24]、スイスにおけるICO関連する問合せが増加していることにかんがみ、2018年2月に、ICOに関するガイドライン（以下「ICOガイドライン」という）を公表した[25]。ICOガイドラインでは、ICOと金融市場規制の適用関係について、相談がFINMAに問合せをする際に、FINMAが当該問合せに回答する際の基本的な考え方が示されている（[表2]参照）。

ICOガイドラインによれば、ペイメント・トークンとは、「モノやサービスを取得するための支払手段または金銭的価値の移転手段として、現在または将来において利用されることが意図されているトークン」をいい、仮想通貨と同義であるとされる。ユーティリティ・トークンとは、「ブロックチェーンベースのインフラストラクチャーを通じて、アプリケーションやサービスをデジタルに利用できる権利を提供するトークン」をいう。アセット・トークンとは、「発行者に対する債務返済請求や持分割合などの資産を表章するセット。トークンは「将来の企業収益を将来の資金フロー（例えば「将来の企業収益などの資金フロー」）にリンクすることを約束する」トークンをいう。またそれらのトークンの性質を併せ持つハイブリッド・トークンもありうる。

ICOガイドラインによれば、判例法令と立法によりICOガイドラインによれば、判例法や立法によりICOガイドラインでは、トークンが証券と分類される。ICOガイドラインでは、トークンが証券と分類されることがない限り、FINMAがペイメント・トークンを証券とみなすことはないとされる。ユーティリティ・トークンについては、「その時点でのアプリケーションやサービスをデジタルに利用できる権利を付与することによる単独の目的のみに利用できる場合」は、当該ユーティリティ・トークンが発行時点において現にこのような形で利用されるものであるならば、証券とはみなされないとしているが、「ユーティリティ・トークンが発

行時点において投資目的を追加的にまたは当該目的のみを有する場合は、アセット・トークンは、証券とみなされることになる。なお、ICOのうち、将来においてトークンを取得することは請求権を付与するプレファイナンスプレセールの場合、こうした請求権は証券とみなされることになることに留意したい（なお、以下はあくまで要約であることに留意されたい）。

(3) フランス

フランスの金融市場庁（AMF）は、2017年10月に、ICOに関する討議文書を公表し、規制の在り方などについてパブリックコメントを実施した[26]。討議文書では、ICOに関する規制の在り方として、（証券の募集等に利用している現在の規制を変更せず、ICOの実施等に関し第１案（証券の募集等に関する現在のベストプラクティスを目論見書規制の枠組みのうちトークンの募集に関する目論見書規制の中にトークンの募集を取り込む）、第２案（証券の募集とみなされないICOの実施を一律に禁止する）、第３案（ICOに合わせた特別規制を設ける）に分かれた。第３案はさらに、フランス国民が参加可能なICOについてAMFの事前承認を受けることを条件受けないICOを禁止する）と、第３A案と、AMFの承認を受けるか否かはICO実施者が選択できるものとする（承認を受けないICOであってもICO実施を禁止せず、承認を受けた旨を開示することが明示される）。第３B案に分かれたが、AMFは、2018年2月に、パブリックコメントの結果を公表したが[27]、それによると、第３B案に多くの支持が集まったこと、AMFは、「ICOの枠組みは、良質で革新的なプロジェクトをフランスにもたらしつつ、国際的な規制動向との調和なども検討する必要がある」としつつ、国際的な規制動向との調和などを検討する必要がある。

数的な募集を思いとどまらせると同時に、投資者を保護するものとなろう」と述べている。

3 若干の考察

(1) 基本的考え方

ICOのが社会的に意味のあるものかどうかの分析は引き続きなされるべきであるが[28]、少なくとも、①不正行為への対応、②情報開示の充実、③投資者の保護という点は必要であろう。ICOのトークンには様々なユーティリティ・トークン、投資性を持つものがあるが（例：流通市場を持つもの）、どんな金融商品であれ、とりわけ市場性）およびトークンが二次流通する場合の公正性、およびトークンが二次流通する場合の公正・透明性確保や取引審査体制などの整備、金融商品等の公正な価格形成及び投資者の保護国民経済の健全な発展及び金融庁による市場に資することと国民経済の健全な発展を目的とする金商法の対応が主眼に据えられてよい（同法１条参照）。同法以外の法律でICOを規制するという方法を否定するものではないが、今後も新しい投資対象となるICOが出てくると思うと、どんな投資商品であろうと、市場阻害行為や申立手続での措置を講じ、金融規制当局が迅速にICO実施中立手続での措置を講じ、金融規制当局が迅速にICO実施中立手続での措置を含め、投資者を保護することが望ましい。ICOに関しては、資金決済法や自主規制などの役割分担のほか、国際的な規制動向との調和なども検討する必要がある。

---

[26] AMF, Discussion Paper on Initial Coin Offerings (ICOs) (Oct. 26, 2017).

[27] AMF, Summary of replies to the public consultation on Initial Coin Offerings (ICOs) and update on the UNICORN Programme (Feb. 22, 2018). ホワイトペーパーに記載すべき情報などに関するパブリックコメントの結果も紹介されている。

[28] この点については、金融庁・仮想通貨交換業等に関する研究会「第１回事務局」（平成29年４月10日）に記された議論が興味深い。

[29] 金商法の目的の公正な価格形成を確保し市場機能を担保することは、日本法におけるICOを困難にし、イノベーションを阻害するようだが、筆者としては、現行法制のもとで詐欺的なICOを防ぎ、将来されるべきイノベーションを資金が集まるようにするという観点からが正当化できるのではないかと考えている。

---

(2) トークンと仮想通貨・集団投資スキーム持分

金融庁は、「ICOにおいて発行される一定のトークンが資金決済法上の仮想通貨に該当し、その交換等を業として行う事業者は内閣総理大臣（各財務局）への登録が必要になる。仮想通貨による購入であっても、実質的に法定通貨での購入と同様に規制される規制対象となるスキームについては、金融商品取引法の規制対象となると考えられます[30]。

まず、仮想通貨（資金決済法２条５項）該当性について、金融庁の担当者は、「ICOにおいて発行されるトークンが二次流通する場合、トークン自体を受金決済法等の交換等を業として、上記①を満たす場合（仮想通貨）に該当し…①は、不特定の者に対して代金の弁済に使用でき、かつ不特定の者を相手方に売買（仮想通貨と相互に交換）できること、②は、不特定の者を相手方に仮想通貨と相互に交換することとし」述べる[31]。とくに議論となるのは、トークン発行時点において取り扱っていないトークンである。具体的には以下の①または②を満たすことができ、②を満たさない場合は上記①も②を満たさない場合は上記①も満たさないことになる（仮想通貨にならない）のかである。

この点、上場可能性を示唆しているトークンやトークンの設計時等においてに法定通貨で購入トークンなどとの相互交換を制限していないトークンについては、原則として、トークン発行時点においてトークン発行時点としても取り扱うを持って、仮想通貨に該当するものではないと考えられる[33]。

なお、集団投資スキーム持分（金商法２条２項５号）に該当性について、金融庁の担当者は、「ICOにおいて発行されるトークンが以下の①または②の要件のうち、トークンへの投資に金銭等を前提を満たす場合、以下の①または②を満たす場合は、集団投資スキーム持分に該当すると考えられます。①法定通貨で購入されるもの、②実質的には出資金額に該当するものと同視されるものとにあたると述べる[34]。ここで、集団投資スキーム持分の要件のうち、金銭（金銭および政令で定める金銭類似のもの出資等）に該当するとして、トークンが仮想通貨で購入された場合、①法定通貨により購入されるもの、②収益分配という点が問題となっている。

---

[30] 金融庁・前掲注１. ICOを仮想通貨型・法定通貨型・ファンド型・商品型・期待権型などに分類し、仮想通貨、集団投資スキーム持分などの該当性を詳細に検討したものとして、有吉尚哉「Initial Coin Offering（ICO）に対する金融規制の適用関係に関する一考察」NBL1115号４頁以下。

[31] 金融庁・前掲注28（渡川冴金融庁総務企画局企画課信用制度企画室長発言、仮想通貨関係）Ⅰ-１-１頁。

[32] 日本仮想通貨事業者協会「イニシャル・コイン・オファリングへの対応について」（平成29年12月８日）３頁。

[33] このような方法を取ると、日本でのICOを困難にし、イノベーションを委縮させるという懸念が指摘されるようだが、筆者としては、現行法制のもとで詐欺的なICOを防ぎ、将来されるべきイノベーションを資金が集まるようにするという観点からこそ正当化できるのではないかと考えている。

[34] 金融庁・前掲注28（渡川冴金融庁総務企画局企画課信用制度企画室長発言）。

前者の問題について、ICOのトークンは仮想通貨で購入されるのが一般的であるとしろ、金商法上、仮想通貨は金銭には含まれていないと考えられており、金銭類似物にも指定されていないので、形式的には金銭等の出資要件を満たさないのではないかということになるが、金融庁としては実質を重視し、上記のような解釈を採ったものといえる。このような実質を重視する解釈論が示されたことは支持できるし、仮想通貨を金銭類似物の1つとして政令指定するという対応もありうると思うが、そもそも金銭類似物の内容を政令で限定的に定めることとで定めるべきなのか（この点に限らず法令でどこまで定めるべきか）という観点からの議論もあってよいと思う。

次に後者の問題分であるが、金商法上、集団投資スキーム持分は、収益分配型の投資商品を念頭においても定義となっている。これに対し、ICOのトークンは、収益分配の権利は付与されないが、流通市場で転売益を狙えるものとして設計されることが多いといわれる。そうするとI、ICOのトークンの多くはというよう実現持分スキーム持分といえず、現在の集団投資スキーム概念では捕捉できない可能性がある。これは、アメリカの投資契約と大きく違う点である。収益分配の権利が付与されない投資商品以外にもこうした投資商品が出てくるかもしれないことについて、政令指定を待たなくても同法3条3号、市場性を持つトークンについては、ICOに通じた開示規制を考

えるべきではないか。また、現行法上、事業型ファンドで購入されに金銭に含まれる場合であっても、契約締結前交付書面の交付ないった業者規制には適用されていない（同法37条の3）。開示規制と業者規制には課徴金などのエンフォースメントに違いがあるが、こうしたエンフォースメントの違いが合理的かという点などについても再検討すべきではないだろうか。

（3）ホワイトペーパーによる情報開示の内容

最後に、ホワイトペーパーによる情報開示の内容について考えてみたい。この点、①ICO実施者や関係者に関する情報、②プロジェクトに関する情報、③トークンに関する情報、④リスクに関する情報などを軸に、開示内容の充実を図ることが考えられる。根底に当然の前提として、ICOの犯罪利用を防ぐことは当然の前提として、トークンの価値を評価するために必要な情報は開示されなければならないといえるであろう。

例えば、①については、実施者の身元（人の実在性）やその他の情報などを確認できるかが重要となるだろう（その他の情報の入手先の開示を求められるよう）。関係者の例としては、リーガルアドバイザーが挙げられる。②については、プロジェクトは一般にトークンの価値の源泉という点であるところ、何のためにどのようなプロジェクトを実施するのかについての開発・管理体制とロードマップで実施可能なのか、そのプロジェクトを実施するためにどのくらいの資金が必要になるのか、その資金調達をなぜICOで行うのか、ICOで集めた資金はどのようにプロジェクトに充当されていくのか、プロジェクトに充当されていない資金の管理・使途はどうなっているのか、プロダクト（とりわけソリューションのコード[35]）の開発状況はどのように継続開示されるのかなどを確認できることが重要になろう。③について

は、トークンに付与される権利、トークンの発行数や発行上限数（数が増減する可能性があれば手数等の説明の説明も含む）、トークンの取引制限や仮想通貨交換所での取引予定（仮想通貨交換所や仮想通貨取扱わないリスクの説明も含む）、払込通貨の種類やトークンの販売価格、最低最大調達額、セール期間、購入条件などにICO関する情報などのほか、プレセールの内容やICO実施者などのトークン保有状況・取引制限などの開示が重要となる。エラーが含まれるとかもありうるので、専門家の検証を受けることが非常に重要になるのではないか。④については、日本仮想通貨事業者協会が示しているリスク項目が参考になるだろう[37]。

（かわむら　けんじ）

［追記］
本稿脱稿後に、岩昌正和（司会）ほか「［座談会］仮想通貨・ICOをめぐる法規制」Law & Technology 80号1頁以下に接した。

---

[35] 大規模なICOについては、ホワイトペーパーで示されるソリューションが健全な工学・数学上の原理に適合していることを補強する技術審査（technology audit）を受けることが望ましいこと、規模にかかわらず、すべてのコードをGitHubなどで公開することを指摘するものとして、Chris Brummer, What Should Be in an ICO White Paper?, Written Testimony before the House Committee on the Financial Services Subcommittee on Capital Markets, Securities and Investment (Mar. 14, 2018).

[36] EY・前掲注7・21〜22頁等。
[37] 日本仮想通貨事業者協会・前掲注32・5頁以下。

金融商品取引法研究会名簿

(平成 30 年 11 月 21 日現在)

会　　　長	神作　裕之	東京大学大学院法学政治学研究科教授
会長代理	弥永　真生	筑波大学ビジネスサイエンス系 ビジネス科学研究科教授
委　　　員	飯田　秀総	東京大学大学院法学政治学研究科准教授
〃	大崎　貞和	野村総合研究所未来創発センターフェロー
〃	尾崎　悠一	首都大学東京大学院法学政治学研究科 法学政治学専攻准教授
〃	加藤　貴仁	東京大学大学院法学政治学研究科教授
〃	河村　賢治	立教大学大学院法務研究科教授
〃	小出　篤	学習院大学法学部教授
〃	後藤　元	東京大学大学院法学政治学研究科准教授
〃	武井　一浩	西村あさひ法律事務所パートナー弁護士
〃	中東　正文	名古屋大学大学院法学研究科教授
〃	藤田　友敬	東京大学大学院法学政治学研究科教授
〃	松井　智予	上智大学大学院法学研究科教授
〃	松井　秀征	立教大学法学部教授
〃	松尾　健一	大阪大学大学院高等司法研究科准教授
〃	松尾　直彦	東京大学大学院法学政治学研究科客員教授・弁護士
〃	宮下　央	ＴＭＩ総合法律事務所弁護士
オブザーバー	小森　卓郎	金融庁企画市場局市場課長
〃	岸田　吉史	野村ホールディングスグループ法務部長
〃	森　忠之	大和証券グループ本社経営企画部担当部長兼法務課長
〃	鎌塚　正人	ＳＭＢＣ日興証券法務部長
〃	陶山　健二	みずほ証券法務部長
〃	本井　孝洋	三菱ＵＦＪモルガン・スタンレー証券法務部長
〃	山内　公明	日本証券業協会常務執行役自主規制本部長
〃	島村　昌征	日本証券業協会執行役政策本部共同本部長
〃	内田　直樹	日本証券業協会自主規制本部自主規制企画部長
〃	塚﨑　由寛	日本取引所グループ総務部法務グループ課長
研　究　所	増井　喜一郎	日本証券経済研究所理事長
〃	大前　忠	日本証券経済研究所常務理事
〃	土井　俊範	日本証券経済研究所エグゼクティブ・フェロー

(敬称略)

[参考]　既に公表した「金融商品取引法研究会（証券取引法研究会）研究記録」

　　第 1 号「裁判外紛争処理制度の構築と問題点」　　　　　　2003 年 11 月
　　　　　　報告者　森田章同志社大学教授

　　第 2 号「システム障害と損失補償問題」　　　　　　　　　2004 年 1 月
　　　　　　報告者　山下友信東京大学教授

　　第 3 号「会社法の大改正と証券規制への影響」　　　　　　2004 年 3 月
　　　　　　報告者　前田雅弘京都大学教授

　　第 4 号「証券化の進展に伴う諸問題(倒産隔離の明確化等)」　2004 年 6 月
　　　　　　報告者　浜田道代名古屋大学教授

　　第 5 号「EU における資本市場法の統合の動向　　　　　　2005 年 7 月
　　　　　　　—投資商品、証券業務の範囲を中心として—」
　　　　　　報告者　神作裕之東京大学教授

　　第 6 号「近時の企業情報開示を巡る課題　　　　　　　　　2005 年 7 月
　　　　　　　—実効性確保の観点を中心に—」
　　　　　　報告者　山田剛志新潟大学助教授

　　第 7 号「プロ・アマ投資者の区分—金融商品・　　　　　　2005 年 9 月
　　　　　　　販売方法等の変化に伴うリテール規制の再編—」
　　　　　　報告者　青木浩子千葉大学助教授

　　第 8 号「目論見書制度の改革」　　　　　　　　　　　　　2005 年 11 月
　　　　　　報告者　黒沼悦郎早稲田大学教授

　　第 9 号「投資サービス法(仮称)について」　　　　　　　　2005 年 11 月
　　　　　　報告者　三井秀範金融庁総務企画局市場課長
　　　　　　　　　　松尾直彦金融庁総務企画局
　　　　　　　　　　　　　　投資サービス法(仮称)法令準備室長

　　第 10 号「委任状勧誘に関する実務上の諸問題　　　　　　2005 年 11 月
　　　　　　　—委任状争奪戦（proxy fight）の文脈を中心に—」
　　　　　　報告者　太田洋 西村ときわ法律事務所パートナー・弁護士

　　第 11 号「集団投資スキームに関する規制について　　　　2005 年 12 月
　　　　　　　—組合型ファンドを中心に—」
　　　　　　報告者　中村聡 森・濱田松本法律事務所パートナー・弁護士

　　第 12 号「証券仲介業」　　　　　　　　　　　　　　　　2006 年 3 月
　　　　　　報告者　川口恭弘同志社大学教授

第13号「敵対的買収に関する法規制」　　　　　　　　　2006年5月
　　　　報告者　中東正文名古屋大学教授

第14号「証券アナリスト規制と強制情報開示・不公正取引規制」　2006年7月
　　　　報告者　戸田暁京都大学助教授

第15号「新会社法のもとでの株式買取請求権制度」　　　2006年9月
　　　　報告者　藤田友敬東京大学教授

第16号「証券取引法改正に係る政令等について」　　　　2006年12月
　　　　（TOB、大量保有報告関係、内部統制報告関係）
　　　　報告者　池田唯一　金融庁総務企画局企業開示課長

第17号「間接保有証券に関するユニドロア条約策定作業の状況」　2007年5月
　　　　報告者　神田秀樹　東京大学大学院法学政治学研究科教授

第18号「金融商品取引法の政令・内閣府令について」　　2007年6月
　　　　報告者　三井秀範　金融庁総務企画局市場課長

第19号「特定投資家・一般投資家について―自主規制業務を中心に―」　2007年9月
　　　　報告者　青木浩子　千葉大学大学院専門法務研究科教授

第20号「金融商品取引所について」　　　　　　　　　　2007年10月
　　　　報告者　前田雅弘　京都大学大学院法学研究科教授

第21号「不公正取引について―村上ファンド事件を中心に―」　2008年1月
　　　　報告者　太田　洋　西村あさひ法律事務所パートナー・弁護士

第22号「大量保有報告制度」　　　　　　　　　　　　　2008年3月
　　　　報告者　神作裕之　東京大学大学院法学政治学研究科教授

第23号「開示制度（Ⅰ）―企業再編成に係る開示制度および　　2008年4月
　　　　集団投資スキーム持分等の開示制度―」
　　　　報告者　川口恭弘　同志社大学大学院法学研究科教授

第24号「開示制度（Ⅱ）―確認書、内部統制報告書、四半期報告書―」　2008年7月
　　　　報告者　戸田　暁　京都大学大学院法学研究科准教授

第25号「有価証券の範囲」　　　　　　　　　　　　　　2008年7月
　　　　報告者　藤田友敬　東京大学大学院法学政治学研究科教授

第26号「民事責任規定・エンフォースメント」　　　　　2008年10月
　　　　報告者　近藤光男　神戸大学大学院法学研究科教授

第27号「金融機関による説明義務・適合性の原則と金融商品販売法」　2009年1月
　　　　報告者　山田剛志　新潟大学大学院実務法学研究科准教授

第28号「集団投資スキーム（ファンド）規制」　　　　　2009年3月
　　　　報告者　中村聡　森・濱田松本法律事務所パートナー・弁護士

第 29 号「金融商品取引業の業規制」　　　　　　　　　　2009 年 4 月
　　　　報告者　黒沼悦郎　早稲田大学大学院法務研究科教授

第 30 号「公開買付け制度」　　　　　　　　　　　　　　2009 年 7 月
　　　　報告者　中東正文　名古屋大学大学院法学研究科教授

第 31 号「最近の金融商品取引法の改正について」　　　　2011 年 3 月
　　　　報告者　藤本拓資　金融庁総務企画局市場課長

第 32 号「金融商品取引業における利益相反　　　　　　　2011 年 6 月
　　　　―利益相反管理体制の整備業務を中心として―」
　　　　報告者　神作裕之　東京大学大学院法学政治学研究科教授

第 33 号「顧客との個別の取引条件における特別の利益提供に関する問題」2011 年 9 月
　　　　報告者　青木浩子　千葉大学大学院専門法務研究科教授
　　　　　　　　松本讓治　ＳＭＢＣ日興証券　法務部長

第 34 号「ライツ・オファリングの円滑な利用に向けた制度整備と課題」2011 年 11 月
　　　　報告者　前田雅弘　京都大学大学院法学研究科教授

第 35 号「公開買付規制を巡る近時の諸問題」　　　　　　2012 年 2 月
　　　　報告者　太田 洋　西村あさひ法律事務所弁護士・NY州弁護士

第 36 号「格付会社への規制」　　　　　　　　　　　　　2012 年 6 月
　　　　報告者　山田剛志　成城大学法学部教授

第 37 号「金商法第 6 章の不公正取引規制の体系」　　　　2012 年 7 月
　　　　報告者　松尾直彦　東京大学大学院法学政治学研究科客員
　　　　　　　　教授・西村あさひ法律事務所弁護士

第 38 号「キャッシュ・アウト法制」　　　　　　　　　　2012 年 10 月
　　　　報告者　中東正文　名古屋大学大学院法学研究科教授

第 39 号「デリバティブに関する規制」　　　　　　　　　2012 年 11 月
　　　　報告者　神田秀樹　東京大学大学院法学政治学研究科教授

第 40 号「米国 JOBS 法による証券規制の変革」　　　　　2013 年 1 月
　　　　報告者　中村聡　森・濱田松本法律事務所パートナー・弁護士

第 41 号「金融商品取引法の役員の責任と会社法の役員の責任　2013 年 3 月
　　　　―虚偽記載をめぐる役員の責任を中心に―」
　　　　報告者　近藤光男　神戸大学大学院法学研究科教授

第 42 号「ドッド＝フランク法における信用リスクの保持ルールについて」2013 年 4 月
　　　　報告者　黒沼悦郎　早稲田大学大学院法務研究科教授

第 43 号「相場操縦の規制」　　　　　　　　　　　　　　2013 年 8 月
　　　　報告者　藤田友敬　東京大学大学院法学政治学研究科教授

第44号「法人関係情報」　　　　　　　　　　　　　　　2013年10月
　　　　　報告者　川口恭弘　同志社大学大学院法学研究科教授
　　　　　　　　　平田公一　日本証券業協会常務執行役

第45号「最近の金融商品取引法の改正について」　　　　2014年6月
　　　　　報告者　藤本拓資　金融庁総務企画局企画課長

第46号「リテール顧客向けデリバティブ関連商品販売における民事責任　2014年9月
　　　　　―「新規な説明義務」を中心として―」
　　　　　報告者　青木浩子　千葉大学大学院専門法務研究科教授

第47号「投資者保護基金制度」　　　　　　　　　　　　2014年10月
　　　　　報告者　神田秀樹　東京大学大学院法学政治学研究科教授

第48号「市場に対する詐欺に関する米国判例の動向について」　2015年1月
　　　　　報告者　黒沼悦郎　早稲田大学大学院法務研究科教授

第49号「継続開示義務者の範囲―アメリカ法を中心に―」　2015年3月
　　　　　報告者　飯田秀総　神戸大学大学院法学研究科准教授

第50号「証券会社の破綻と投資者保護基金　　　　　　　2015年5月
　　　　　―金融商品取引法と預金保険法の交錯―」
　　　　　報告者　山田剛志　成城大学大学院法学研究科教授

第51号「インサイダー取引規制と自己株式」　　　　　　2015年7月
　　　　　報告者　前田雅弘　京都大学大学院法学研究科教授

第52号「金商法において利用されない制度と利用される制度の制限」　2015年8月
　　　　　報告者　松尾直彦　東京大学大学院法学政治学研究科
　　　　　　　　　　　　　　客員教授・弁護士

第53号「証券訴訟を巡る近時の諸問題　　　　　　　　　2015年10月
　　　　　―流通市場において不実開示を行った提出会社の責任を中心に―」
　　　　　報告者　太田洋　西村あさひ法律事務所パートナー・弁護士

第54号「適合性の原則」　　　　　　　　　　　　　　　2016年3月
　　　　　報告者　川口恭弘　同志社大学大学院法学研究科教授

第55号「金商法の観点から見たコーポレートガバナンス・コード」　2016年5月
　　　　　報告者　神作裕之　東京大学大学院法学政治学研究科教授

第56号「EUにおける投資型クラウドファンディング規制」　2016年7月
　　　　　報告者　松尾健一　大阪大学大学院法学研究科准教授

第57号「上場会社による種類株式の利用」　　　　　　　2016年9月
　　　　　報告者　加藤貴仁　東京大学大学院法学政治学研究科准教授

第58号「公開買付前置型キャッシュアウトにおける　　　2016年11月
　　　　価格決定請求と公正な対価」
　　　　　　報告者　藤田友敬　東京大学大学院法学政治学研究科教授

第59号「平成26年会社法改正後のキャッシュ・アウト法制」2017年1月
　　　　　　報告者　中東正文　名古屋大学大学院法学研究科教授

第60号「流通市場の投資家による発行会社に対する証券訴訟の実態」2017年3月
　　　　　　報告者　後藤　元　東京大学大学院法学政治学研究科准教授

第61号「米国における投資助言業者（investment adviser）　2017年5月
　　　　の負う信認義務」
　　　　　　報告者　萬澤陽子　専修大学法学部准教授・当研究所客員研究員

第62号「最近の金融商品取引法の改正について」　　　　2018年2月
　　　　　　報告者　小森卓郎　金融庁総務企画局市場課長

第63号「監査報告書の見直し」　　　　　　　　　　　　2018年3月
　　　　　　報告者　弥永真生　筑波大学ビジネスサイエンス系
　　　　　　　　　　　　　　　ビジネス科学研究科教授

第64号「フェア・ディスクロージャー・ルールについて」2018年6月
　　　　　　報告者　大崎貞和　野村総合研究所未来創発センターフェロー

第65号「外国為替証拠金取引のレバレッジ規制」　　　　2018年8月
　　　　　　報告者　飯田秀総　東京大学大学院法学政治学研究科准教授

第66号「一般的不公正取引規制に関する一考察」　　　　2018年12月
　　　　　　報告者　松井秀征　立教大学法学部教授

購入を希望される方は、一般書店または当研究所までお申し込み下さい。
当研究所の出版物案内は研究所のホームページ http://www.jsri.or.jp/ にてご覧いただけます。

金融商品取引法研究会研究記録　第 67 号

仮想通貨・ICO に関する法規制・自主規制

平成 31 年 3 月 20 日

定価（本体 500 円＋税）

編　者　　金融商品取引法研究会
発行者　　公益財団法人　日本証券経済研究所
　　　　　東京都中央区日本橋 2-11-2
　　　　　〒 103-0027
　　　　　電話　03（6225）2326 代表
　　　　　URL: http://www.jsri.or.jp

ISBN978-4-89032-683-9 C3032 ¥500E